Saran dan strategi yang ditemukan di dalamnya mungkin tidak cocok untuk setiap situasi. Karya ini dijual dengan pemahaman bahwa baik penulis maupun penerbit tidak bertanggung jawab atas hasil yang diperoleh dari saran dalam buku ini; pekerjaan ini dimaksudkan untuk mendidik pembaca tentang Bitcoin dan tidak dimaksudkan untuk memberikan saran investasi. Semua gambar adalah milik asli penulis, bebas hak cipta seperti yang dinyatakan oleh sumber gambar, atau digunakan dengan persetujuan pemegang properti.

audepublishing.com

Hak Cipta © 2024 Aude Publishing LLC

Seluruh hak cipta.

Tidak ada bagian dari publikasi ini yang boleh direproduksi, didistribusikan, atau ditransmisikan dalam bentuk apa pun atau dengan cara apa pun, termasuk fotokopi, rekaman, atau metode elektronik atau mekanis lainnya, tanpa izin tertulis sebelumnya dari penerbit, kecuali dalam hal kutipan singkat yang terkandung dalam ulasan dan penggunaan non-komersial tertentu lainnya yang diizinkan oleh undang-undang hak cipta.

Edisi paperback pertama September 2021.

Cetak ISBN 9798486794483

Perkenalan

Bitcoin: Answered adalah upaya untuk menguraikan jaringan informasi yang terfragmentasi seputar Bitcoin yang diterima oleh masyarakat umum. Terlepas dari sikap pribadi terhadap cryptocurrency dan Bitcoin (yang sebagian besar, bagi mereka yang tidak dipelajari, terlalu optimis atau terlalu sinis), jangkauan cryptocurrency tumbuh pada tingkat seperti itu, dan dipasang di ekosistem keuangan pada tingkat seperti itu, sehingga tidak memahami sejarah dasar, konsep, dan kelayakan Bitcoin jauh lebih merusak daripada tidak. Mudah-mudahan Anda akan menemukan informasi ini cukup menarik; Bitcoin adalah yang pertama dari cara berpikir yang sama sekali baru tentang uang dan bertransaksi nilai. Pada akhirnya, Anda akan memahami ruang lingkup Bitcoin, mata uang digital, dan blockchain; Banyak dari sistem ini, sebagaimana harus dicatat, hanya sebanding dalam arti yang paling longgar, dan kasus penggunaan potensial dan berlaku dari teknologi semacam itu cukup mencengangkan, terutama mengingat bahwa ekosistem mata uang fiat telah berubah sedikit sejak penghapusan mata uang dari standar emas setengah abad yang lalu. Memikirkan semua cryptocurrency sebagai Bitcoin dan Bitcoin sebagai gelembung pinggiran adalah salah; Ya, Bitcoin jauh dari sempurna, tetapi ada lebih banyak lagi tentang apa itu, pada dasarnya, digitalisasi dan desentralisasi nilai. Buku ini membahas semua konsep ini dan lebih banyak lagi melalui format sederhana berbasis pertanyaan, dimulai dengan "apa itu Bitcoin?" Jangan ragu untuk membaca sekilas sepengetahuan Anda, atau membaca dari awal hingga akhir; Bagaimanapun, harapan saya dan harapan tim saya adalah Anda meninggalkan buku ini dengan pemahaman tentang Bitcoin dari sudut pandang sentimen, teknis, historis, dan konseptual, serta di samping minat dan keinginan yang berkelanjutan untuk belajar lebih banyak. Sumber daya lebih lanjut dapat ditemukan di bagian belakang buku.

Sekarang, seterusnya kita melintasi, dalam pengejaran pengetahuan yang mulia.

Nikmati bukunya.

Apa itu Bitcoin?

Bitcoin adalah banyak hal: jaringan komputer global open-source, peer-to-peer, kumpulan protokol, emas digital, garis depan ember teknologi baru, cryptocurrency. Secara fisik; Bitcoin adalah 13.000 komputer yang menjalankan berbagai protokol dan algoritma. Secara konsep, Bitcoin adalah sarana global untuk transaksi yang mudah dan aman; kekuatan demokratisasi, dan sarana keuangan transparan dan anonim. Dalam jembatan antara fisik dan konseptual, Bitcoin adalah cryptocurrency; sarana dan penyimpan nilai yang ada murni online, tanpa bentuk fisik apa pun. Semua ini, bagaimanapun, seperti mengajukan pertanyaan "apa itu uang?" dan menanggapi "potongan kertas." Seseorang yang tidak akrab dengan Bitcoin yang membaca paragraf di atas hampir pasti akan mendapatkan lebih banyak pertanyaan daripada jawaban; untuk alasan ini, pertanyaan "apa itu Bitcoin?" adalah, pada dasarnya, pertanyaan dari buku ini, dan melalui analisis dari setiap bagian, Anda mudah-mudahan dapat sampai pada pemahaman tentang keseluruhan.

Siapa yang memulai Bitcoin?

Satoshi Nakamoto adalah individu, atau mungkin sekelompok individu, yang menciptakan Bitcoin. Tidak banyak yang diketahui tentang sosok misterius ini, dan anonimitasnya telah melahirkan teori konspirasi yang tak terhitung jumlahnya. Sementara Nakamoto telah mendaftarkan dirinya sebagai pria berusia 45 tahun dari Jepang di situs web resmi yayasan peer-to-peer, ia menggunakan idiom Inggris dalam emailnya. Selain itu, stempel waktu karyanya lebih selaras dengan seseorang yang berbasis di AS atau Inggris. Sebagian besar percaya bahwa kepergiannya direncanakan (banyak yang menghubungkan karyanya dengan referensi alkitabiah) dan yang lain percaya bahwa organisasi pemerintah, seperti CIA, terkait dengan kepergiannya. Ini tidak lebih dari teori-teori pinggiran; Namun, yang tetap menjadi fakta adalah bahwa pencipta Bitcoin saat ini memiliki kekayaan senilai lebih dari $ 70 miliar (setara dengan 1,1 juta bitcoin) dan jika bitcoin naik beberapa ratus persen lagi, miliarder anonim ini, bapak cryptocurrency, akan menjadi orang terkaya di dunia.

```
Bitcoin Genesis Block
     Raw Hex Version
00000000  01 00 00 00 00 00 00 00  00 00 00 00 00 00 00 00  ................
00000010  00 00 00 00 00 00 00 00  00 00 00 00 00 00 00 00  ................
00000020  00 00 00 00 3B A3 ED FD  7A 7B 12 B2 7A C7 2C 3E  ....;£íýz{.²zÇ,>
00000030  67 76 8F 61 7F C8 1B C3  88 8A 51 32 3A 9F B8 AA  gv.a.È.Ã^ŠQ2:Ÿ,ª
00000040  4B 1E 5E 4A 29 AB 5F 49  FF FF 00 1D 1D AC 2B 7C  K.^J)«_Iÿÿ...¬+|
00000050  01 01 00 00 00 01 00 00  00 00 00 00 00 00 00 00  ................
00000060  00 00 00 00 00 00 00 00  00 00 00 00 00 00 00 00  ................
00000070  00 00 00 00 00 00 FF FF  FF FF 4D 04 FF FF 00 1D  ......ÿÿÿÿM.ÿÿ..
00000080  01 04 45 54 68 65 20 54  69 6D 65 73 20 30 33 2F  ..EThe Times 03/
00000090  4A 61 6E 2F 32 30 30 39  20 43 68 61 6E 63 65 6C  Jan/2009 Chancel
000000A0  6C 6F 72 20 6F 6E 20 62  72 69 6E 6B 20 6F 66 20  lor on brink of
000000B0  73 65 63 6F 6E 64 20 62  61 69 6C 6F 75 74 20 66  second bailout f
000000C0  6F 72 20 62 61 6E 6B 73  FF FF FF FF 01 00 F2 05  or banksÿÿÿÿ..ò.
000000D0  2A 01 00 00 00 43 41 04  67 8A FD B0 FE 55 48 27  *....CA.gŠý°þUH'
000000E0  19 67 F1 A6 71 30 B7 10  5C D6 A8 28 E0 39 09 A6  .gñ¦q0·.\Ö¨(à9.¦
000000F0  79 62 E0 EA 1F 61 DE B6  49 F6 BC 3F 4C EF 38 C4  ybàê.aÞ¶Iö¼?Lï8Ä
00000100  F3 55 04 E5 1E C1 12 DE  5C 38 4D F7 BA 0B BD 57  óU.å.Á.Þ\8M÷º.½W
00000110  8A 4C 70 2B 6B F1 1D 5F  AC 00 00 00 00           ŠLp+kñ._¬....
```

Visual di atas mewakili genesis (yang berarti "pertama") blok Bitcoin. Pendiri Bitcoin, Satoshi Nakamoto, memasukkan pesan ke dalam kode yang berbunyi sebagai berikut: "The Times 03 / Jan / 2009 Chancellor di ambang bailout kedua untuk bank."

---

[1] MikeG001 / CC BY-SA 4.0

Siapa pemilik Bitcoin?

Gagasan bahwa Bitcoin "dimiliki" benar hanya dalam arti yang paling terdistribusi. Sekitar 20 juta orang secara kolektif memiliki semua Bitcoin di dunia, tetapi Bitcoin sendiri, sebagai jaringan, tidak dapat dimiliki.[2]

---

[2] Secara teknis, 20,5 juta orang di seluruh dunia memiliki setidaknya $ 1 dalam Bitcoin.

Bagaimana sejarah Bitcoin?

Ini adalah sejarah singkat cryptocurrency, blockchain, dan Bitcoin.

- Pada tahun 1991, rantai blok yang diamankan secara kriptografis dikonseptualisasikan untuk pertama kalinya.
- Hampir satu dekade kemudian, pada tahun 2000, Stegan Knost menerbitkan teorinya tentang rantai aman kriptografi, serta ide-ide untuk implementasi praktis.
- 8 tahun setelah itu, Satoshi Nakamoto merilis buku putih (kertas putih adalah laporan dan panduan menyeluruh) yang membentuk model untuk blockchain, dan pada tahun 2009 Nakamoto menerapkan blockchain pertama, yang digunakan sebagai buku besar publik untuk transaksi yang dilakukan menggunakan cryptocurrency yang ia kembangkan, yang disebut Bitcoin.
- Akhirnya, pada tahun 2014, kasus penggunaan (kasus penggunaan adalah situasi spesifik di mana suatu produk atau layanan berpotensi digunakan) untuk blockchain dan jaringan blockchain dikembangkan di luar cryptocurrency, sehingga membuka kemungkinan Bitcoin ke dunia yang lebih luas.

Ada berapa Bitcoin?

Bitcoin memiliki persediaan maksimum 21 juta koin. Pada tahun 2021, ada 18,7 juta Bitcoin yang beredar, artinya hanya ada 2,3 juta yang tersisa untuk diedarkan. Dari jumlah itu, 900 Bitcoin baru ditambahkan ke pasokan yang beredar setiap hari melalui imbalan penambangan.[3] Hadiah penambangan adalah hadiah yang diberikan kepada komputer yang memecahkan persamaan kompleks untuk memproses dan memverifikasi transaksi Bitcoin. Orang-orang yang menjalankan komputer ini disebut "penambang." Siapa pun dapat memulai penambangan Bitcoin; bahkan PC dasar dapat menjadi node, yang merupakan komputer dalam jaringan, dan mulai menambang.

---

[3] "Ada berapa bitcoin? Berapa banyak yang tersisa untuk saya? (2021)."
https://www.buybitcoinworldwide.com/how-many-bitcoins-are-there/.

Bagaimana cara kerja Bitcoin?

Bitcoin, dan hampir semua cryptocurrency, beroperasi melalui teknologi Blockchain.

Blockchain, dalam bentuknya yang paling dasar, dapat dianggap menyimpan data dalam rantai blok literal. Mari kita telusuri bagaimana tepatnya balok dan rantai ikut bermain.

- Setiap blok akan menyimpan informasi digital, seperti waktu, tanggal, jumlah, dll transaksi.
- Blok akan mengetahui pihak mana yang berpartisipasi dalam transaksi dengan menggunakan "kunci digital" Anda, yang merupakan serangkaian angka dan huruf yang Anda terima ketika Anda membuka dompet, yang menyimpan kripto Anda.
- Namun, blok tidak dapat beroperasi sendiri. Blok membutuhkan verifikasi dari komputer lain, alias "node" dalam jaringan.
- Node lain akan memvalidasi informasi dari satu blok. Setelah mereka memvalidasi data, dan jika semuanya terlihat bagus, blok dan data yang dibawanya akan disimpan dalam buku besar publik.

- Buku besar publik adalah database yang mencatat setiap transaksi yang disetujui yang pernah dilakukan di jaringan. Sebagian besar cryptocurrency, termasuk Bitcoin, memiliki buku besar publik mereka sendiri.
- Setiap blok dalam buku besar terkait dengan blok yang datang sebelumnya dan blok yang datang setelahnya. Oleh karena itu, tautan yang dibentuk blok menciptakan pola seperti rantai. Oleh karena itu, blockchain terbentuk.

> Ringkasan: Blok mewakili informasi digital, dan **rantai** mewakili bagaimana data itu disimpan dalam database.

Jadi, untuk merangkum definisi kami sebelumnya, blockchain adalah jenis database baru. Di bawah ini adalah rincian yang divisualisasikan dari setiap blok dalam jaringan.

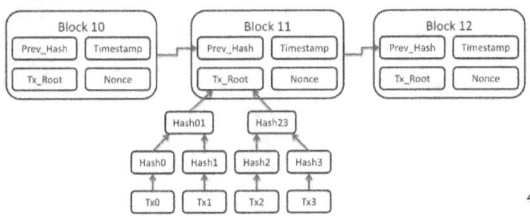

[4] Matthäus Wander / CC BY-SA 3.0

Apa itu alamat Bitcoin?

Alamat, juga dikenal sebagai kunci publik, adalah kumpulan angka dan huruf unik yang berfungsi sebagai kode identifikasi, sebanding dengan nomor rekening bank atau alamat email (misalnya: 1BvBESEystWetqTFn3Au6u4FGg7xJaAQN5). Dengan itu, Anda dapat melakukan transaksi di blockchain. Alamat terhubung ke blockchain dasar; misalnya, alamat Bitcoin terletak di jaringan Bitcoin dan blockchain. Alamat memiliki bulat, warna-warni "logo" disebut alamat identicons (atau, sederhana, "ikon"). Ikon-ikon ini memungkinkan Anda untuk dengan cepat melihat apakah Anda memasukkan alamat yang benar atau tidak. Setiap kali Anda mengirim atau menerima mata uang kripto, Anda akan menggunakan alamat terkait. Namun, alamat tidak dapat menyimpan aset; Mereka hanya berfungsi sebagai pengidentifikasi yang mengarah ke dompet.

Bitcoin Address

 SHARE

1DpQP4yKSGWXWrXNkm1YNYBTqEweuQcyYg

Private Key

SECRET

L4NhQX1DFJpFAJJYAHKkpukerqxtjF1XhvR5J2PQcnDparA2vD9M

---

[5] bitaddress.org

Apa itu node Bitcoin?

Node adalah komputer yang terhubung ke jaringan blockchain, yang membantu blockchain dalam menulis dan memvalidasi blok. Beberapa node mengunduh seluruh riwayat blockchain mereka; Ini disebut masternodes dan melakukan lebih banyak tugas daripada node biasa. Selain itu, node sama sekali tidak terikat pada jaringan tertentu; Node dapat beralih ke blockchain yang berbeda secara praktis sesuka hati, seperti halnya dengan penambangan multipool. Secara kolektif, seluruh sifat terdistribusi Bitcoin dan cryptocurrency, serta banyak fitur blockchain dan keamanan yang mendasarinya, dimungkinkan oleh konsep dan pemanfaatan sistem global berbasis node.

Aa itu support dan resistance untuk Bitcoin?

Di sini, kami mempelajari analisis teknis dan perdagangan Bitcoin: dukungan adalah harga koin atau token di mana aset itu cenderung tidak jatuh karena banyak orang bersedia membeli aset pada harga itu. Seringkali, jika koin mencapai level support, itu akan berbalik menjadi tren naik. Ini biasanya saat yang tepat untuk membeli koin, meskipun jika harga turun di bawah level support, koin kemungkinan akan jatuh lebih jauh ke level support lain. Perlawanan, di sisi lain, adalah harga yang sulit ditembus oleh aset karena banyak orang menemukan harga yang bagus untuk dijual. Terkadang, tingkat resistensi bisa bersifat fisiologis. Misalnya, Bitcoin mungkin mencapai resistensi pada $ 50.000, karena banyak orang berpikir "ketika bitcoin mencapai $ 50.000, saya akan menjual." Seringkali, ketika level resistance ditembus, harga dapat dengan cepat naik. Misalnya, jika bitcoin menembus melewati $ 50.000, harga mungkin dengan cepat naik ke $ 55.000, pada saat itu mungkin menghadapi lebih banyak perlawanan, dan $ 50.000 kemudian dapat menjadi level support baru.

---

[6] Berdasarkan gambar CC BY-SA 4.0 oleh Akash98887
File:Support_and_resistance.png

Bagaimana Anda membaca grafik Bitcoin?

Ini adalah pertanyaan besar; untuk menjawabnya, bagian berikut akan bertujuan untuk memecah jenis grafik paling populer yang digunakan untuk membaca Bitcoin dan cryptocurrency lainnya serta cara membaca grafik tersebut.

Grafik membentuk dasar dimana harga dapat diperiksa dan pola dapat ditemukan. Grafik, pada satu tingkat, sederhana, dan di tingkat lain, dalam dan kompleks. Kita akan mulai dengan dasar-dasarnya; Berbagai jenis grafik dan kegunaannya yang berbeda.

Bagan Garis

Grafik garis adalah grafik yang mewakili harga melalui satu garis tunggal. Sebagian besar grafik adalah grafik garis karena sangat mudah dimengerti, meskipun mengandung lebih sedikit informasi daripada alternatif populer. Robinhood dan Coinbase (keduanya menargetkan layanan mereka terhadap investor yang kurang berpengalaman) memiliki grafik garis sebagai jenis grafik default, sementara institusi yang ditujukan untuk audiens yang lebih berpengalaman, seperti Charles Schwab dan Binance, menggunakan formulir grafik lain sebagai default.

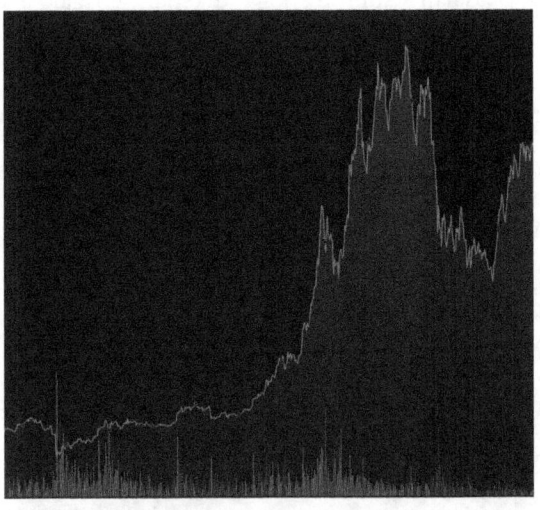

(tradingview.com) Bagan Garis

Grafik Candlestick

Grafik kandil adalah bentuk yang jauh lebih berguna untuk menampilkan informasi tentang koin; Grafik semacam itu adalah grafik pilihan bagi sebagian besar investor. Dalam periode tertentu, grafik candlestick memiliki "tubuh nyata" yang lebar dan paling sering direpresentasikan sebagai merah atau hijau (skema warna umum lainnya adalah tubuh nyata kosong / putih dan terisi / hitam). Jika berwarna merah (diisi), tutupnya lebih rendah dari yang terbuka (artinya turun). Jika tubuh asli berwarna hijau (kosong), tutupnya lebih tinggi dari yang terbuka (artinya naik). Di atas dan di bawah tubuh nyata adalah "sumbu" juga dikenal sebagai "bayangan." Sumbu menunjukkan harga tinggi dan rendah dari perdagangan periode tersebut. Jadi, menggabungkan apa yang kita ketahui, jika sumbu atas (alias bayangan atas) dekat dengan tubuh asli, semakin tinggi koin atau token yang dicapai pada siang hari mendekati harga penutupan. Oleh karena itu, sebaliknya juga berlaku. Anda harus memiliki pemahaman yang kuat tentang grafik candlestick, jadi saya sarankan Anda mengunjungi situs seperti tradingview.com untuk merasa nyaman.

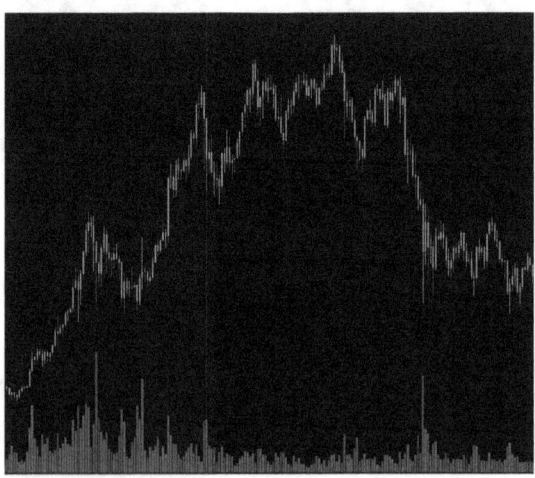

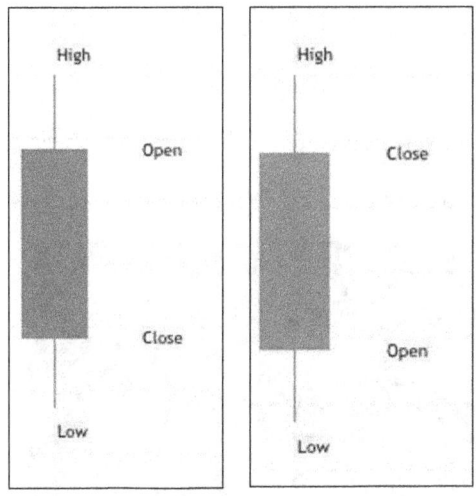

(tradingview.com) Figure 11: Bearish Candle[xi]

Grafik Candlestick

Bagan Renko

Grafik Renko hanya menunjukkan pergerakan harga dan mengabaikan waktu dan volume. Renko berasal dari istilah Jepang "renga," yang berarti "batu bata." Bagan Renko menggunakan batu bata (juga dikenal sebagai kotak), biasanya merah / hijau atau putih / hitam. Kotak Renko hanya terbentuk di sudut kanan atas atau bawah kotak selanjutnya, dan kotak berikutnya hanya dapat terbentuk jika harga melewati bagian atas atau bawah kotak sebelumnya. Misalnya, jika jumlah yang telah ditentukan adalah "$ 1" (anggap ini mirip dengan interval waktu pada grafik candlestick), maka kotak berikutnya hanya dapat terbentuk setelah melewati $ 1 di atas atau $ 1 di bawah harga kotak sebelumnya. Grafik ini menyederhanakan dan "menghaluskan" tren menjadi pola yang mudah dipahami sambil menghapus aksi harga acak. Ini dapat membuat melakukan analisis teknis lebih mudah karena pola seperti level support dan resistance jauh lebih terang-terangan ditampilkan.

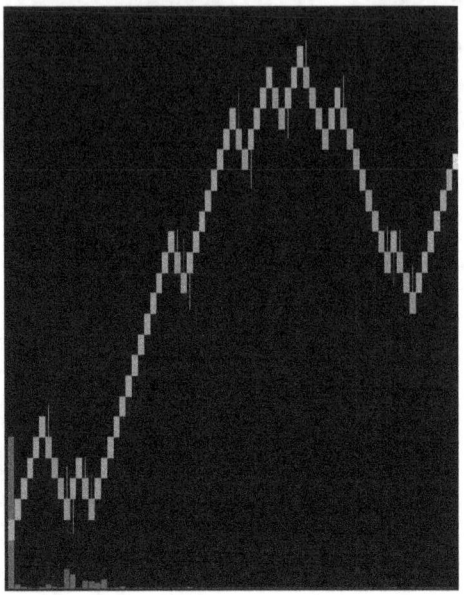

Bagan Titik &; Gambar

Sementara grafik titik dan gambar (P & F) tidak begitu dikenal seperti yang lain dalam daftar ini, mereka memiliki sejarah panjang dan reputasi sebagai salah satu grafik paling sederhana yang digunakan untuk mengidentifikasi titik masuk dan keluar yang baik. Seperti grafik Renko, grafik P&F tidak secara langsung memperhitungkan berlalunya waktu. Sebaliknya, Xs dan Os ditumpuk dalam kolom; setiap huruf mewakili pergerakan harga yang dipilih (seperti blok di grafik Renko). X mewakili kenaikan harga, dan Os mewakili penurunan harga. Lihatlah urutan ini:

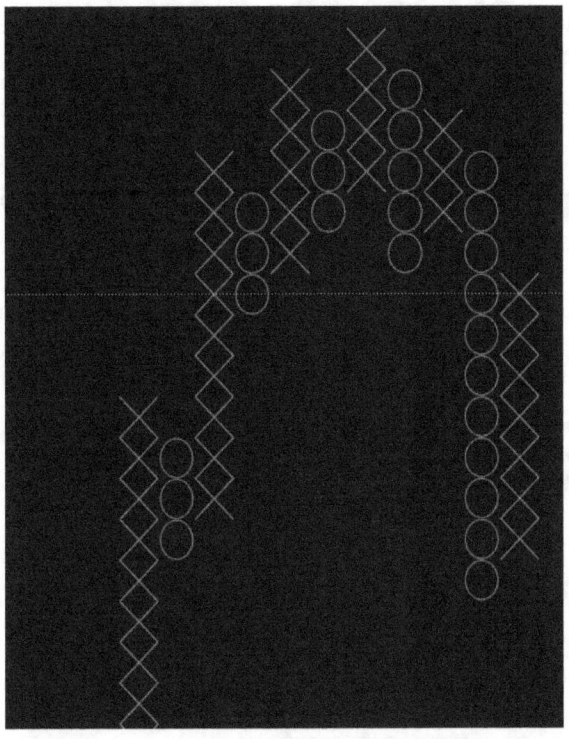

Katakanlah pergerakan harga yang dipilih adalah $10. Kita harus mulai dari kiri bawah: 3 X menunjukkan bahwa harga naik $ 30, 2 Os menandakan penurunan $ 20, dan kemudian 2 X terakhir mewakili kenaikan $ 20. Waktu tidak relevan.

Bagan Heiken-Ashi

Grafik Heikin-Ashi (hik-in-aw-she) adalah versi grafik candlestick yang lebih sederhana dan halus. Mereka berfungsi hampir dengan cara yang sama seperti grafik candlestick, (lilin, sumbu, bayangan, dll.), Kecuali grafik HA memperlancar data harga selama dua periode, bukan satu. Ini, pada dasarnya, membuat Heikin-Ashi lebih disukai oleh banyak pedagang dibandingkan grafik candlestick karena pola dan tren dapat lebih mudah terlihat, dan sinyal palsu (pergerakan kecil dan tidak berarti), sebagian besar, dihilangkan. Yang mengatakan, penampilan yang lebih sederhana tidak mengaburkan beberapa data relatif terhadap candlestick, yang sebagian mengapa Heikin-Ashis belum menggantikan candlestick. Jadi, saya sarankan Anda bereksperimen dengan kedua jenis grafik dan mencari tahu apa yang paling sesuai dengan gaya dan kemampuan Anda untuk membedakan tren.

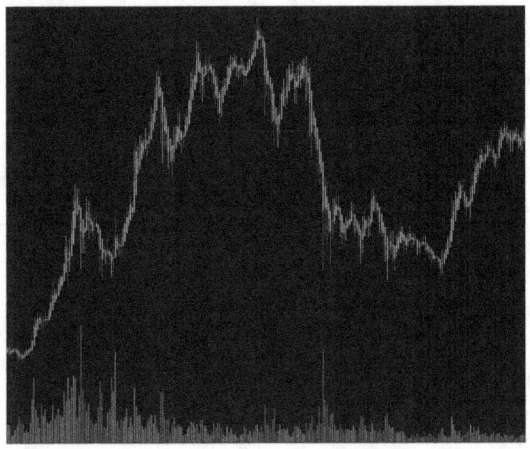

tradingview.com

J: Perhatikan bahwa tren pada grafik Heikin-Ashi lebih halus dan lebih terlihat daripada pada grafik candlestick.

Sumber Daya Charting

TradingView

tradingview.com (terbaik secara keseluruhan, sosial terbaik)

CoinMarketCap

coinmarketcap.com (sederhana, mudah)

Jam Tangan Kripto

cryptowat.ch (sangat mapan, terbaik untuk bot)

CryptoView

cryptoview.com (sangat dapat disesuaikan)

Klasifikasi Pola Bagan

Pola grafik diklasifikasikan untuk memahami peran dan tujuan dengan cepat. Berikut adalah beberapa klasifikasi tersebut:

Bullish

Semua pola bullish cenderung menghasilkan hasil yang menguntungkan bagi sisi atas, jadi, misalnya, pola bullish dapat menghasilkan tren naik 10%.

Bearish

Semua pola bearish cenderung menghasilkan hasil yang menguntungkan bagi sisi negatifnya, jadi, misalnya, pola bearish dapat menghasilkan tren turun 10%.

Kandil

Pola kandil berlaku khusus untuk grafik kandil, bukan untuk semua grafik. Ini karena pola candlestick bergantung pada informasi yang hanya dapat ditemukan dalam format candle (body and wick).

Jumlah Bar/Candle

Jumlah bar atau candle dalam suatu pola biasanya tidak lebih dari tiga.

Kelanjutan

Pola kelanjutan menandakan bahwa tren pra-pola lebih mungkin daripada tidak berlanjut. Jadi, misalnya, jika pola kelanjutan X terbentuk di bagian atas tren naik, maka tren naik kemungkinan akan berlanjut.

Pelarian

Penembusan adalah pergerakan di atas resistance atau di bawah support. Pola breakout menunjukkan bahwa langkah seperti itu mungkin terjadi. Arah penembusan itu khusus untuk polanya.

Pembalikan

Pembalikan adalah perubahan arah harga. Pola pembalikan menunjukkan bahwa arah harga kemungkinan akan berubah (jadi, tren naik akan menjadi tren turun, dan tren turun akan menjadi tren naik).

Jenis dompet Bitcoin apa yang ada?

Ada beberapa kategori dompet yang berbeda dan berbeda dalam hal keamanan, kegunaan, dan aksesibilitas:

1. *Dompet Kertas.* Dompet kertas mendefinisikan penyimpanan informasi pribadi (kunci publik, kunci pribadi, dan frase benih) pada, seperti namanya, kertas. Ini berfungsi karena setiap pasangan kunci publik dan pribadi dapat membentuk dompet; Tidak diperlukan antarmuka online. Penyimpanan fisik informasi digital dianggap lebih aman daripada segala bentuk penyimpanan online, hanya karena keamanan online menghadapi petak ancaman keamanan potensial, sementara aset fisik menghadapi beberapa ancaman intrusi jika dikelola dengan benar. Untuk membuat dompet kertas Bitcoin, siapa pun dapat mengunjungi bitaddress.org untuk membuat alamat publik dan kunci pribadi, dan kemudian mencetak informasinya. Kode QR dan string kunci dapat digunakan untuk memfasilitasi transaksi. Namun, mengingat tantangan yang dihadapi pemegang dompet kertas (kerusakan air, kehilangan yang tidak disengaja, ketidakjelasan) relatif terhadap opsi online yang sangat aman, dompet kertas tidak lagi

direkomendasikan untuk digunakan dalam mengelola kepemilikan cryptocurrency yang signifikan.

2. *Dompet Panas / Dompet Dingin.* Hot wallet mengacu pada dompet yang terhubung ke internet; sebaliknya, cold storage, mengacu pada dompet yang tidak terhubung ke internet. Dompet panas memungkinkan pemilik akun untuk mengirim dan menerima token; Namun, penyimpanan dingin lebih aman daripada penyimpanan panas dan menawarkan banyak manfaat dompet kertas tanpa banyak risiko. Sebagian besar pertukaran memungkinkan pengguna untuk memindahkan kepemilikan dari dompet panas (yang merupakan default) ke dompet dingin dengan menekan beberapa tombol (Coinbase mengacu pada penyimpanan dingin / offline sebagai "brankas"). Untuk menarik kepemilikan dari cold storage memerlukan beberapa hari, yang berputar kembali ke aksesibilitas versus dinamika keamanan hot storage dan cold storage. Jika Anda tertarik untuk memegang aset kripto untuk jangka panjang, cold storage dalam pertukaran Anda adalah cara yang tepat. Jika Anda berencana untuk secara aktif berdagang atau terlibat dalam perdagangan kepemilikan, penyimpanan dingin bukanlah pilihan yang layak.

3. *Dompet Perangkat Keras.* Dompet perangkat keras adalah perangkat fisik aman yang menyimpan kunci pribadi Anda. Opsi ini memungkinkan beberapa tingkat aksesibilitas online (karena dompet perangkat keras membuatnya sangat mudah untuk mengakses kepemilikan) untuk dikombinasikan dengan sarana penyimpanan yang tidak terhubung ke internet dan, oleh karena itu, lebih aman. Beberapa dompet perangkat keras populer, seperti Ledger (ledger.com) bahkan menawarkan aplikasi yang bekerja sama dengan dompet perangkat keras tanpa mengorbankan keamanan. Secara keseluruhan, dompet perangkat keras adalah pilihan yang bagus untuk pemegang serius dan jangka panjang, meskipun keamanan fisik harus diperhitungkan; Dompet semacam itu, serta dompet kertas, paling baik disimpan di bank atau solusi penyimpanan kelas atas.

Apakah penambangan Bitcoin menguntungkan?

Tentu saja bisa. Pengembalian investasi tahunan rata-rata untuk penyewaan penambang Bitcoin bervariasi dari satu digit tinggi hingga dua digit rendah, sedangkan ROI untuk penambangan Bitcoin yang dikelola sendiri bervariasi di seluruh dua digit (untuk menempatkan nomor di atasnya, 20% hingga 150% per tahun dapat diharapkan, sementara 40% hingga 80% adalah normal). Either way, pengembalian ini mengalahkan pasar saham historis dan pengembalian real estat sebesar 10%. Namun, penambangan Bitcoin tidak stabil dan mahal, dan sejumlah faktor mempengaruhi pengembalian masing-masing individu. Dalam pertanyaan berikutnya, kita akan memeriksa faktor-faktor profitabilitas penambangan Bitcoin, yang memberikan wawasan yang jauh lebih baik tentang perkiraan pengembalian, serta mengapa beberapa bulan dan penambang berkinerja sangat baik, dan beberapa tidak.

Apa yang memengaruhi profitabilitas penambangan Bitcoin?

Variabel-variabel berikut sangat penting untuk menentukan potensi profitabilitas penambangan Bitcoin:

Harga Mata Uang Kripto. Faktor utama yang mempengaruhi adalah harga aset cryptocurrency yang diberikan. Kenaikan 2x harga Bitcoin menghasilkan 2x keuntungan penambangan (karena jumlah Bitcoin yang diperoleh tetap sama, sementara nilai yang setara berubah), sementara penurunan 50% menghasilkan setengah keuntungan. Mengingat sifat volatile cryptocurrency dan terutama Bitcoin, harga perlu dipertimbangkan. Namun, secara umum, jika Anda percaya pada Bitcoin dan cryptocurrency dalam jangka panjang, perubahan harga seharusnya tidak memengaruhi Anda karena fokus Anda adalah membangun ekuitas jangka panjang, yang hanya dapat berubah sesuai faktor lain dalam daftar ini.

Tingkat Hash dan Kesulitan. HashRate adalah kecepatan di mana persamaan diselesaikan dan blok ditemukan. Tingkat hash untuk penambang kira-kira sama dengan pendapatan, dan lebih banyak penambang memasuki sistem (sehingga meningkatkan tingkat hash jaringan dan "kesulitan" penambangan terkait yang merupakan metrik yang menggambarkan betapa sulitnya menambang blok) mencairkan pangsa hash per penambang dan karenanya profitabilitas. Dengan cara ini, persaingan mendorong keuntungan turun melalui kesulitan dan tingkat hash.

Harga listrik. Ketika proses penambangan menjadi lebih sulit, kebutuhan listrik juga meningkat. Harga listrik dapat menjadi pemain utama dalam profitabilitas.

Halving. Setiap 4 tahun, hadiah blok yang diprogram ke dalam Bitcoin dibagi dua untuk secara bertahap mengurangi masuknya dan total pasokan koin. Saat ini (sejak 13 Mei 2020 dan berlangsung hingga 2024), hadiah penambang adalah 6,25 bitcoin per blok. Namun, pada tahun 2024, hadiah blok akan turun menjadi 3.125 bitcoin per blok, dan seterusnya. Dengan cara ini, imbalan penambangan jangka panjang harus turun kecuali nilai setiap koin naik nilainya sebanyak atau lebih dari penurunan imbalan blok.

Biaya Perangkat Keras. Tentu saja, harga sebenarnya dari perangkat keras yang dibutuhkan untuk menambang Bitcoin memainkan peran besar dalam keuntungan dan ROI. Penambangan dapat diatur dengan mudah pada PC normal (jika Anda memilikinya, periksa nicehash.com); yang mengatakan, menyiapkan rig penuh melibatkan biaya motherboard, CPU, kartu grafis, GPU, RAM, ASIC, dan banyak lagi. Jalan keluar yang mudah adalah dengan membeli rig yang sudah jadi, tetapi ini melibatkan membayar premi. Membuat sendiri menghemat uang, tetapi juga membutuhkan pengetahuan teknis; Umumnya, opsi do-it-yourself berharga setidaknya $ 3.000, tetapi umumnya mendekati $ 10.000. Semua faktor perangkat keras ini harus dipertimbangkan untuk membuat perkiraan potensi pengembalian yang layak dalam lingkungan penambangan Bitcoin dan cryptocurrency yang berubah dengan cepat.

Untuk menyimpulkan pertanyaan ini, variabel yang mempengaruhi profitabilitas pertambangan sangat banyak dan dapat berubah dengan cepat, dan potensi pendapatan bias terhadap pertanian besar dengan akses ke listrik murah. Yang mengatakan, penambangan crypto tentu masih sangat menguntungkan, dan pengembalian (tidak termasuk potensi keruntuhan di seluruh pasar) telah dan kemungkinan akan, untuk waktu yang cukup lama, tetap jauh di depan pengembalian pasar saham yang diharapkan atau pengembalian normal di sebagian besar kelas aset lainnya.

Apakah ada Bitcoin fisik yang nyata?

Tidak ada, dan kemungkinan tidak akan pernah, Bitcoin fisik; Ini disebut "mata uang digital" karena suatu alasan. Yang mengatakan, aksesibilitas Bitcoin akan meningkat dari waktu ke waktu melalui pertukaran yang lebih baik, ATM Bitcoin, kartu debit dan kredit Bitcoin, dan layanan lainnya. Mudah-mudahan, suatu hari Bitcoin dan cryptocurrency lainnya akan mudah digunakan sebagai mata uang fisik.

Apakah Bitcoin Tanpa Gesekan?

Pasar tanpa gesekan adalah lingkungan perdagangan yang ideal di mana tidak ada biaya atau batasan pada transaksi. Pasar Bitcoin (terdiri dari pasangan), sementara di jalan menuju frictionless (terutama mengenai transfer uang global), tidak dekat dengan benar-benar berada di sana.

HTTPS://LibertyTreeCS.New YorkPet.org/2016/03/Is-Bitcoin-Really-Frictionless/

Apakah Bitcoin menggunakan Frasa Mnemonik?

Frasa mnemonik adalah istilah yang setara dengan frasa benih; Keduanya mewakili urutan 12 hingga 24 kata yang mengidentifikasi dan mewakili dompet. Anggap saja sebagai kata sandi cadangan; Dengan itu, Anda tidak akan pernah kehilangan akses ke akun Anda. Di sisi lain, jika Anda lupa, tidak ada cara untuk mengatur ulang atau mendapatkannya kembali dan siapa pun yang memilikinya memiliki akses ke dompet Anda. Semua dompet tempat Anda dapat menyimpan Bitcoin menggunakan frasa mnemonik; Anda harus selalu menyimpan frasa ini di lokasi yang aman dan pribadi; Di atas kertas adalah yang terbaik, terbaik dari semuanya di atas kertas di lemari besi atau brankas.

Your Seed Phrase

Your Seed Phrase is used to generate and recover your account.

1. issue
2. flame
3. sample
4. lyrics
5. find
6. vault
7. announce
8. banner
9. cute
10. damage
11. civil
12. goat

Please save these 12 words on a piece of paper. The order is important. This seed will allow you to recover your account.

---

[7] Lisensi FlippyFlink / CC BY-SA 4.0
File:Creating-Atala_PRISM-crypto_wallet-seed_phrase.png

Bisakah Anda mendapatkan Bitcoin Anda kembali jika Anda mengirimkannya ke alamat yang salah?

Alamat pengembalian dana adalah alamat dompet yang dapat berfungsi sebagai cadangan jika transaksi gagal. Jika peristiwa seperti itu terjadi, maka tolak bayar diberikan ke alamat pengembalian dana yang ditentukan. Jika Anda perlu memberikan alamat pengembalian dana, pastikan alamatnya benar dan dapat menerima token yang Anda kirim.

Apakah Bitcoin aman?

Bitcoin, diatur oleh jaringan blockchain sistem yang mendasarinya, adalah salah satu sistem paling aman di dunia karena alasan berikut:

1. *Bitcoin bersifat publik.* Bitcoin, seperti banyak cryptocurrency, memiliki buku besar publik yang mencatat semua transaksi. Karena tidak ada informasi pribadi yang harus diberikan untuk memiliki dan memperdagangkan Bitcoin dan semua informasi transaksi bersifat publik di blockchain, penyusup tidak perlu meretas atau mencuri; satu-satunya alternatif untuk meretas dan mengambil untung dari jaringan Bitcoin (tidak termasuk titik kegagalan manusia, seperti dalam serangan pertukaran dan kehilangan kata sandi; kami berfokus pada Bitcoin itu sendiri) adalah serangan 51%, yang, pada skala Bitcoin, praktis tidak mungkin. Menjadi "publik" juga terkait dengan Bitcoin yang tidak memiliki izin; Tidak ada yang mengendalikannya, dan karena itu tidak ada sudut pandang subjektif atau tunggal yang dapat mempengaruhi seluruh jaringan (tanpa persetujuan orang lain dalam jaringan).

2. *Bitcoin terdesentralisasi.* Bitcoin saat ini beroperasi melalui 10.000 node, yang semuanya secara kolektif berfungsi untuk

memvalidasi transaksi.[8] Karena seluruh jaringan memvalidasi transaksi, tidak ada cara untuk mengubah atau mengendalikan transaksi (kecuali, sekali lagi, 51% dari jaringan dikendalikan). Serangan seperti itu, seperti yang disebutkan, praktis tidak mungkin; pada harga Bitcoin saat ini, penyerang perlu menghabiskan puluhan juta dolar sehari dan mengontrol volume sumber daya komputasi yang tidak tersedia.[9] Oleh karena itu, sifat validasi data yang terdesentralisasi membuat Bitcoin sangat aman.

3. *Bitcoin tidak dapat diubah.* Setelah transaksi dalam jaringan dikonfirmasi, tidak mungkin untuk mengubahnya karena setiap blok (blok adalah batch transaksi baru) terhubung ke blok di kedua sisinya, sehingga membentuk rantai yang saling berhubungan. Setelah ditulis, blok tidak dapat dimodifikasi. Kedua faktor ini, dalam kombinasi, mencegah perubahan data, dan memastikan keamanan yang lebih besar.

4. *Bitcoin menggunakan proses hashing.* Hash adalah fungsi yang mengubah satu nilai menjadi nilai lainnya; hash di dunia crypto mengubah input huruf dan angka (string) menjadi

---

[8] "Bitnodes: Distribusi Node Bitcoin Global." https://bitnodes.io/. Diakses 30 Agu 2021.

[9] "Anda akan membutuhkan $ 21 juta untuk menyerang Bitcoin selama sehari - Dekripsi." 31 Januari 2020, https://decrypt.co/18012/you-would-need-21-million-to-attack-bitcoin-for-a-day. Diakses 30 Agu 2021.

output terenkripsi dengan ukuran tetap. Hash membantu enkripsi karena "menyelesaikan" setiap hash membutuhkan kerja mundur untuk memecahkan masalah matematika yang sangat kompleks; Oleh karena itu, kemampuan untuk menyelesaikan persamaan ini murni didasarkan pada daya komputasi. Hashing memiliki manfaat sebagai berikut: data dikompresi, nilai hash dapat dibandingkan (sebagai lawan membandingkan data dalam bentuk aslinya), dan fungsi hashing adalah salah satu cara transmisi data yang paling aman dan tahan pelanggaran (terutama pada skala).

Apakah Bitcoin akan habis?

Itu tergantung apa yang Anda maksud dengan "habis." Jumlah bitcoin yang ditambahkan ke jaringan setiap tahun akan, selalu, habis.

Namun, pada saat itu, mekanisme pasokan yang berbeda (berlawanan dengan Bitcoin sebagai hadiah penambangan) akan mengambil alih dan bisnis akan berjalan seperti biasa. Dalam hal ini, Bitcoin seharusnya tidak pernah habis.

Apa gunanya Bitcoin?

Nilai utama Bitcoin berasal dari aplikasi berikut: sebagai penyimpan nilai dan sarana transaksi pribadi, global, dan aman. Ini, pada dasarnya, adalah inti dari Bitcoin; tujuan yang telah dieksekusi dengan cukup berhasil mengingat pengembalian historisnya dan 300.000 atau lebih transaksi harian.

Bagaimana Anda menjelaskan Bitcoin kepada anak berusia 5 tahun?

Bitcoin adalah uang komputer yang dapat digunakan orang untuk membeli dan menjual barang atau menghasilkan lebih banyak uang. Bitcoin bekerja karena blockchain. Blockchain adalah alat yang memungkinkan banyak orang berbeda untuk menyampaikan informasi atau uang berharga dengan aman tanpa perlu orang lain melakukannya untuk mereka.

Apakah Bitcoin sebuah perusahaan?

Bitcoin bukanlah sebuah perusahaan. Ini adalah jaringan komputer yang menjalankan algoritma. Namun, mengingat perkembangan perangkat lunak dan perangkat keras dari waktu ke waktu dan untuk mencegah jaman dahulu Bitcoin, sistem pemungutan suara diimplementasikan dalam jaringan saat pembuatan untuk memungkinkan pembaruan kode dan algoritma. Sistem pemungutan suara sepenuhnya open-source dan berbasis konsensus, yang berarti bahwa pembaruan sistem yang diusulkan oleh pengembang dan sukarelawan harus menjalani pengawasan ketat dari pihak lain yang berkepentingan (karena kesalahan dalam pembaruan akan kehilangan jutaan uang pihak yang berkepentingan), dan pembaruan hanya akan berlalu jika konsensus massa tercapai. Bitcoin Foundation (bitcoinfoundation.org) mempekerjakan beberapa pengembang penuh waktu yang bekerja untuk membuat peta jalan untuk Bitcoin dan mengembangkan pembaruan. Namun, sekali lagi, siapa pun yang memiliki sesuatu untuk dikontribusikan dapat melakukannya, dan tidak ada perusahaan atau organisasi yang sebenarnya berlaku. Selain itu, pengguna tidak dipaksa untuk memperbarui jika perubahan aturan diterapkan; Mereka mungkin tetap dengan versi apa pun yang mereka inginkan. Ide-ide di balik sistem ini cukup menakjubkan; gagasan tentang jaringan independen, sumber terbuka, berbasis konsensus memiliki aplikasi di lebih banyak bidang daripada hanya Bitcoin.

Apakah Bitcoin scam?

Bitcoin, menurut definisi, bukanlah scam. Ini adalah instrumen keuangan yang dibuat oleh tim insinyur mapan. Ini bernilai triliunan, tidak dapat diretas, dan pendirinya belum menjual kepemilikan apa pun.[10] Yang mengatakan, Bitcoin tentu saja dapat dimanipulasi, dan sangat fluktuatif. Banyak cryptocurrency lain di pasar, tidak seperti Bitcoin, adalah scam. Jadi, lakukan riset Anda, investasikan koin mapan dengan tim terkemuka, dan gunakan akal sehat.

---

[10] Sementara Satoshi Nakamoto bernilai puluhan miliar karena Bitcoin, dia belum menjual apa pun (di dompetnya yang dikenal). Ditambah dengan anonimitasnya, pendiri Bitcoin mungkin tidak menghasilkan keuntungan besar melalui mata uang, setidaknya relatif terhadap puluhan atau ratusan miliar yang dimilikinya.

Bisakah Bitcoin diretas?

Bitcoin sendiri tidak mungkin diretas karena seluruh jaringan terus-menerus ditinjau oleh banyak node (komputer) di dalam jaringan, dan oleh karena itu penyerang mana pun hanya dapat benar-benar meretas sistem jika mereka mengendalikan 51% atau lebih daya komputasi dalam jaringan (karena kontrol mayoritas dapat digunakan untuk memvalidasi apa pun, apakah itu benar atau tidak). Mengingat kekuatan penambangan di balik Bitcoin, ini pada dasarnya tidak mungkin. Namun, titik lemah dalam keamanan cryptocurrency adalah dompet pengguna; Dompet dan pertukaran jauh lebih mudah untuk diretas. Jadi, meskipun Bitcoin tidak mungkin diretas, Bitcoin Anda mungkin diretas karena kesalahan pertukaran, serta oleh kata sandi yang lemah atau tidak sengaja dibagikan. Umumnya, jika Anda tetap menggunakan pertukaran yang mapan dan menyimpan kata sandi pribadi yang aman, peluang Anda untuk diretas praktis nol.

Siapa yang melacak transaksi Bitcoin?

Setiap node (komputer) dalam jaringan Bitcoin menyimpan salinan lengkap dari semua transaksi Bitcoin. Informasi tersebut digunakan untuk memvalidasi transaksi dan memastikan keamanan. Selain itu, semua transaksi Bitcoin bersifat publik dan dapat dilihat melalui buku besar Bitcoin; Anda dapat melihatnya sendiri di tautan berikut:

https://www.blockchain.com/btc/unconfirmed-transactions

Adakah yang bisa membeli dan menjual Bitcoin?

Karena Bitcoin terdesentralisasi, siapa pun dapat membeli dan menjual, terlepas dari faktor eksternal atau identitas. Yang mengatakan, banyak negara mengharuskan cryptocurrency untuk diperdagangkan hanya melalui pertukaran terpusat (untuk tujuan pajak dan keamanan), sehingga memerlukan mandat KYC dasar, seperti identitas, SSN, dll. Undang-undang semacam itu mencegah beberapa orang berinvestasi dalam crypto dan pertukaran terpusat berhak untuk menutup akun dengan alasan apa pun.

Apakah Bitcoin anonim?

Seperti disebutkan dalam pertanyaan langsung di atas, sistem bawaan yang mengatur Bitcoin memungkinkan anonimitas pribadi lengkap; Semua yang harus dibagikan untuk transaksi yang sukses adalah alamat dompet. Namun, mandat pemerintah telah membuatnya ilegal di banyak negara (contoh utama adalah AS) untuk berdagang di bursa yang terdesentralisasi. Oleh karena itu, pertukaran terpusat melarang anonimitas hukum saat berdagang crypto.

Bisakah aturan Bitcoin berubah?

Karena Bitcoin terdesentralisasi, sistem tidak dapat mengubah dirinya sendiri. Namun, aturan jaringan dapat diubah melalui konsensus pemegang Bitcoin. Saat ini, proyek sumber terbuka memperbarui Bitcoin jika pembaruan diperlukan, dan melakukannya hanya jika perubahan diterima oleh komunitas Bitcoin.

Haruskah Bitcoin dikapitalisasi?

Bitcoin sebagai jaringan harus dikapitalisasi. Bitcoin sebagai satu unit tidak boleh dikapitalisasi. Misalnya, "setelah saya mendengar tentang ide Bitcoin, saya membeli 10 bitcoin."

Apa itu protokol Bitcoin?

Protokol adalah sistem atau prosedur yang mengontrol bagaimana sesuatu harus dilakukan. Dalam cryptocurrency dan Bitcoin, protokol adalah lapisan kode yang mengatur. Misalnya, protokol keamanan menentukan bagaimana keamanan harus dilakukan, protokol blockchain mengatur bagaimana blockchain bertindak dan beroperasi, dan protokol Bitcoin mengontrol bagaimana Bitcoin berfungsi.

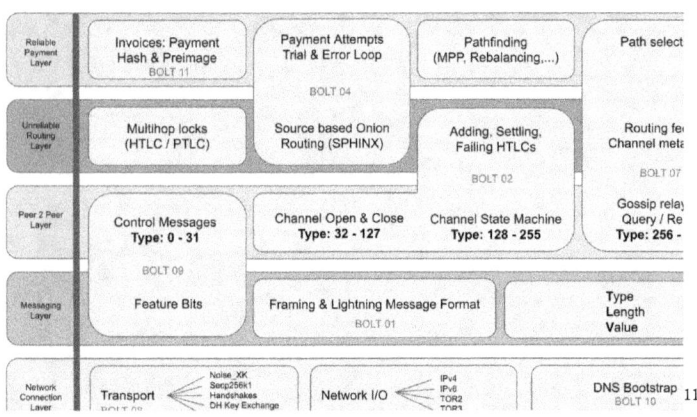

* Ini adalah contoh protokol, dilihat melalui lensa Lightning Network, yang merupakan protokol pembayaran Layer-2 yang dirancang untuk bekerja di atas koin seperti Bitcoin dan Litecoin [11]

---

[11] Renepick / CC BY-SA 4.0
File:Lightning_Network_Protocol_Suite.png

untuk memungkinkan transaksi lebih cepat dan dengan demikian memecahkan masalah skalabilitas.

Apa itu Buku Besar Bitcoin?

Buku besar Bitcoin, dan semua buku besar blockchain, menyimpan data tentang semua transaksi keuangan yang dilakukan pada blockchain yang diberikan. Cryptocurrency menggunakan buku besar publik, yang berarti bahwa buku besar yang digunakan untuk mencatat semua transaksi tersedia untuk umum. Anda dapat melihat buku besar publik Bitcoin di blockchain.com/explorer.

Hash	Time	Amount (BTC)	Amount (USD)
e3bc0fb2e5f239094f3825ab722ca4dda006c3528db1466012e1395984f8a3ec	12:22	3.40547880 BTC	$170,416.94
80c2a1ab9cc9fc94f032e707840219f3898beb149428840adf169fb2fb150735	12:22	0.52284473 BTC	$26,164.21
13773b98dd9b10777e0781dd7d8be8e7953b190548b245fcafef5494124a0e9d	12:22	0.03063826 BTC	$1,533.20
a5e5e9678e6494bb68cea87aef3aee709ef97217 2db5424797dcd16ab7345a9a	12:22	0.00151322 BTC	$75.72
5f3bcd4212f05ed0d9ad7be40a97e1b4e8fe3458c7d8926e8b1a5219b7a1f33e	12:22	0.84369401 BTC	$42,220.15
37e7a58509c2b095549c3f865e2dcd3c0a28f47d5967d64ef5cf4b8ce9992811	12:22	0.00153592 BTC	$76.86
ee7a833c2da8c25125a653903828db74303d2efafdf730b0cc2767d8840e1754	12:22	0.00210841 BTC	$105.51
d2259896d078a2723259cc55e7131c3d4622ce6a14c37eb51cadd9992f3873c1	12:22	0.00251375 BTC	$125.79
8f7a795196ec4bab0cc9316e75c13ca1f944c7946faf24004952aa2a0aed072f	12:22	1.60242873 BTC	$80,188.77
7f6fa2f64999a07e03a344aed9ddb34282683afeddfcb611f996109b83bdb1f	12:22	0.00022207 BTC	$11.11
8c9dfdf9b649a1d485d5d2cfcb3185ad91b067d36b4b60b3233d0c78cf859d60	12:22	0.00006000 BTC	$3.00
4dce5a6830841314ff08a30dca82095B5563c480accdf01f1f72401b9fbe24	12:22	0.00761070 BTC	$380.85
7e31b8568d549a894819ed19b11d03025141ca429bfbaf899ca73fb82aa0825d	12:22	0.00070666 BTC	$35.36
9fd5d4e37f768c414078c8d2dc8cd48efa6cf00f901d81a81e73a1a874c2beef	12:22	0.00061789 BTC	$30.92
b4dda5555fde5282c1e51fa89e56998e55904b77da989136a62b256aac2960fb	12:22	0.07876440 BTC	$3,941.53
a8f05dce5ca3964bd5fbfb65a52e8a23834597739f1828c368fbc8aba129391a	12:22	1.41705545 BTC	$70,912.32
b80568be59e4be8d3b22294d86c2f0df577a7e58a92861afbb62ba3add08b053	12:22	0.30358853 BTC	$15,192.18
e0fb0dcd87c22b2e11ef7eb3852a7a8a51bca0907d0d63199f6d8e275a410dd8	12:22	0.00712366 BTC	$356.48
f60389c978d4bf66bb32047fbd5efecb046d1f0e09c3c7b2035e5b2b6a852445	12:22	0.00029789 BTC	$14.91
a620e18a7a4538e4cd410f1f9fb2134081741699ffe2d24554b0388e7befbfbf	12:22	0.79690506 BTC	$39,878.74
cbde6ef0669d4a243add5c0b8c40d014d4a33a5e01e8eacd3fbcaffc9aba36c2	12:22	0.54677419 BTC	$27,361.68

*Tampilan langsung buku besar publik Bitcoin dari blockchain.com

Jaringan seperti apa Bitcoin itu?

Bitcoin adalah jaringan P2P (peer-to-peer). Jaringan peer-to-peer melibatkan banyak komputer yang bekerja satu sama lain untuk menyelesaikan tugas. Jaringan peer-to-peer tidak memerlukan otoritas pusat dan merupakan bagian integral dari jaringan blockchain dan cryptocurrency.

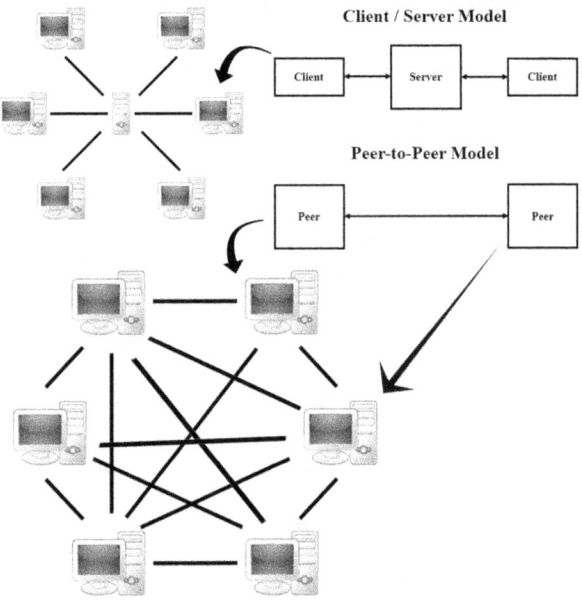

---

[12] Dibuat oleh penulis; berdasarkan gambar dari sumber-sumber berikut:
Mauro Bieg / GNU GPL / File:Server-based-network.svg
Ludovic Ferre / PDM / File:P2P-network.svg
Michel Banki / CC BY-SA 4.0 / File:Client-server_Vs_peer-to-peer_-_en.png

Bisakah Bitcoin masih menjadi cryptocurrency teratas ketika mencapai pasokan maksimal?

Pasokan Bitcoin memang akan habis, tetapi akan melakukannya di tahun 2140. Pada saat itu, semua 21 juta BTC akan berada di jaringan, dan insentif atau sistem pasokan lain harus diterapkan untuk kelangsungan hidup jaringan. Namun, menebak apakah Bitoin akan menjadi cryptocurrency teratas di tahun 2140 seperti bertanya di tahun 1900 seperti apa tahun 2020; Perbedaan teknologi hampir tidak mungkin besar dan lingkungan teknologi di abad ke-22 adalah tebakan siapa pun. Kita lihat saja.

Berapa banyak uang yang dihasilkan penambang Bitcoin?

Penambang Bitcoin, secara kolektif, menghasilkan sekitar $ 45 juta per hari dan $ 1,9 juta per jam (6,25 Bitcoin per blok, 144 blok per hari). Keuntungan per penambang tergantung pada daya hashing, biaya listrik, biaya kolam (jika di kolam), konsumsi daya, dan biaya perangkat keras; Kalkulator penambangan online dapat memperkirakan keuntungan berdasarkan semua faktor ini. Yang paling populer dari kalkulator ini, yang disediakan oleh Nicehash, dapat ditemukan di https://www.nicehash.com/profitability-calculator.

Berapa tinggi Blok Bitcoin?

Tinggi blok adalah jumlah blok dalam blockchain. Tinggi 0 adalah blok pertama (juga disebut sebagai "blok genesis"), tinggi 1 adalah blok kedua, dan seterusnya; tinggi blok Bitcoin saat ini lebih dari setengah juta. "Waktu pembuatan blok" Bitcoin saat ini sekitar 10 menit, yang berarti bahwa satu blok baru ditambahkan ke blockchain Bitcoin kira-kira setiap 10 menit.

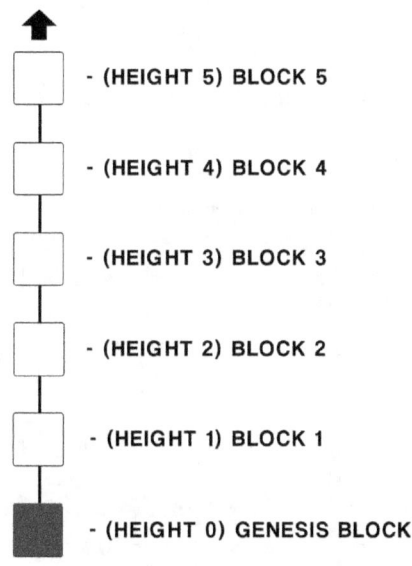

---

[13] Penciptaan Penulis. Dapat digunakan di bawah Lisensi CC BY-SA 4.0.

Apakah Bitcoin menggunakan Atomic Swaps?

Atomic swap adalah teknologi kontrak pintar yang memungkinkan pengguna untuk menukar dua koin berbeda satu sama lain tanpa perantara pihak ketiga, biasanya pertukaran, dan tanpa perlu membeli atau menjual. Pertukaran terpusat, seperti Coinbase, tidak dapat melakukan pertukaran atom. Sebaliknya, pertukaran terdesentralisasi memungkinkan pertukaran atom dan memberikan kontrol penuh kepada pengguna akhir.

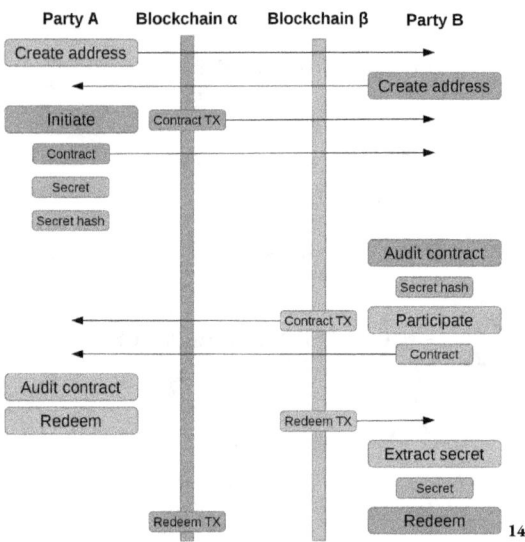

---

[14] Nickboariu / CC BY-SA 4.0 / File:Atomic_Swap_Workflow.svg

Apa itu kolam penambangan Bitcoin?

Kolam penambangan, juga dikenal sebagai penambangan kelompok, mengacu pada kelompok orang atau entitas yang menggabungkan kekuatan komputasi mereka untuk menambang bersama dan membagi hadiah. Ini juga memastikan pendapatan yang konsisten, bukan sporadis.

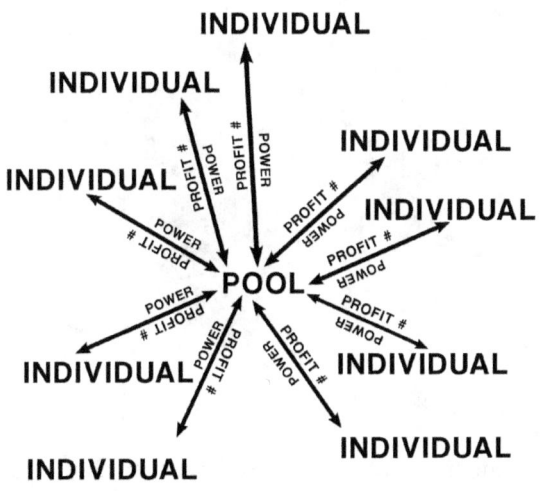

Siapa penambang Bitcoin terbesar?

---

[15] Karya asli penulis. Dapat digunakan di bawah Lisensi CC BY-SA 4.0

Gambar 2.3 adalah rincian distribusi penambang Bitcoin. Potongan besar adalah semua kolam penambangan, bukan penambang individu, karena kolam memungkinkan skala besar (dalam hal daya komputasi) dengan memanfaatkan jaringan individu. Ini, pada dasarnya, menerapkan konsep distribusi yang sangat mirip Bitcoin untuk penambangan. Kolam Bitcoin terbesar termasuk Antpool (kolam penambangan akses terbuka), ViaBTC (dikenal aman dan stabil), Slush Pool (kolam penambangan tertua), dan BTC.com (yang terbesar dari empat).

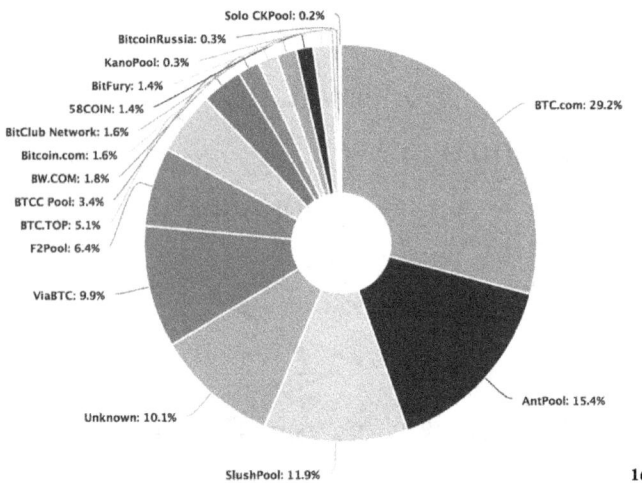

Gambar 2.3: Distribusi Penambangan Bitcoin 3

---

[16] "Distribusi Penambangan Bitcoin 3 | Unduh Diagram Ilmiah." https://www.researchgate.net/figure/Bitcoin-Mining-Distribution-3_fig3_328150068. Diakses 2 Sep. 2021.

Apakah teknologi Bitcoin sudah ketinggalan zaman?

Ya, teknologi yang menggerakkan Bitcoin sudah ketinggalan zaman dibandingkan dengan pesaing yang lebih baru. Bitcoin melakukan pekerjaan trailblazing dan bertindak sebagai bukti konsep untuk cryptocurrency, tetapi seperti halnya semua teknologi, inovasi mendorong ke depan dan mengikuti inovasi semacam itu membutuhkan peningkatan yang kohesif, yang belum dimiliki Bitcoin. Jaringan Bitcoin dapat menangani sekitar 7 transaksi per detik, sementara Ethereum (cryptocurrency terbesar kedua berdasarkan kapitalisasi pasar) dapat menangani 30 transaksi per detik dan Cardano, cryptocurrency terbesar ketiga dan jauh lebih baru, dapat menangani sekitar 1 juta transaksi per detik. Kemacetan jaringan di jaringan Bitcoin menyebabkan biaya yang jauh lebih tinggi. Dengan cara ini, serta dalam programabilitas, privasi, dan penggunaan energi, Bitcoin agak ketinggalan jaman. Ini tidak berarti itu tidak berhasil; Memang, itu hanya berarti peningkatan serius harus diterapkan atau pengalaman pengguna akan menjadi lebih buruk dan pesaing akan berkembang. Namun, terlepas dari itu, Bitcoin memiliki nilai merek yang sangat besar, skala penggunaan dan adopsi yang sangat besar, dan protokol yang menyelesaikan pekerjaan dengan cara yang aman; Ini hanya berarti bahwa ini bukan permainan zero-sum atau kemungkinan akan berakhir dalam skenario terbaik atau terburuk. Kita mungkin akan melihat skenario jalan tengah dimainkan, di mana Bitcoin terus menghadapi masalah, terus menerapkan solusi, dan terus tumbuh (meskipun pertumbuhan harus melambat di beberapa titik) ketika ruang crypto tumbuh.

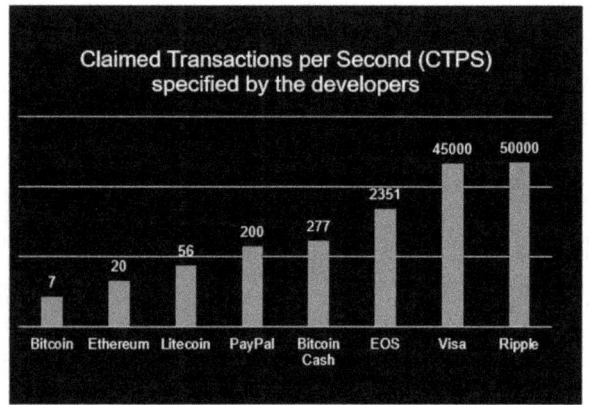

[17] https://investerest.vontobel.com/

---

[17] "Bitcoin Dijelaskan - Bab 7: Skalabilitas Bitcoin - Investerest." https://investerest.vontobel.com/en-dk/articles/13323/bitcoin-explained---chapter-7-bitcoins-scalability/. Diakses 4 Sep. 2021.

Apa itu node Bitcoin?

Node adalah komputer (node dapat berupa komputer apa saja, bukan jenis tertentu) yang terhubung ke jaringan blockchain dan membantu blockchain dalam menulis dan memvalidasi blok. Beberapa node mengunduh seluruh riwayat blockchain mereka; Ini disebut masternodes dan melakukan lebih banyak tugas daripada node biasa. Selain itu, node sama sekali tidak terikat pada jaringan tertentu; Node dapat beralih ke banyak blockchain yang berbeda secara praktis sesuka hati, seperti halnya dengan penambangan multipool.

Bagaimana mekanisme pasokan Bitcoin bekerja?

Bitcoin menggunakan mekanisme pasokan PoW. Mekanisme pasokan adalah cara di mana token baru diperkenalkan ke jaringan.

PoW, atau "Bukti kerja" secara harfiah berarti bahwa kerja (dalam hal persamaan matematika) diperlukan untuk membuat blok. Orang-orang yang melakukan pekerjaan itu adalah penambang.

Bagaimana kapitalisasi pasar Bitcoin dihitung?

Persamaan untuk kapitalisasi pasar sangat sederhana: # unit x harga per unit. "Unit" Bitcoin adalah koin, jadi untuk memecahkan kapitalisasi pasar, seseorang dapat mengalikan pasokan yang beredar (sekitar 18,8 juta) dengan harga per koin (sekitar $ 50.000). Jumlah yang dihasilkan (dalam hal ini, 940 miliar) adalah kapitalisasi pasar.

Bisakah Anda memberi dan mendapatkan pinjaman Bitcoin?

Ya, Anda dapat memanfaatkan Bitcoin dan mata uang kripto lainnya untuk mengambil pinjaman USD. Pinjaman semacam itu ideal untuk orang-orang yang tidak ingin menjual kepemilikan Bitcoin mereka, tetapi yang membutuhkan uang untuk pengeluaran seperti pembayaran mobil atau properti, bepergian, membeli properti, dll. Mengambil pinjaman memungkinkan pemegang untuk memegang aset mereka namun tetap memanfaatkan nilai yang terkunci dalam aset. Selain itu, pinjaman Bitcoin memiliki waktu penyelesaian dan penerimaan yang sangat cepat, skor kredit tidak masalah, dan pinjaman datang dengan tingkat kerahasiaan tertentu (artinya, pemberi pinjaman tidak tertarik dengan apa yang Anda belanjakan untuk uang itu). Sebagai pemberi pinjaman, ini adalah strategi yang baik untuk menciptakan pendapatan dari kepemilikan yang tidak banyak bergerak; di kedua sisi, risikonya sebagian besar dalam fluktuasi Bitcoin. Either way, ini adalah bisnis yang menarik, dan yang baru saja dimulai dan memiliki potensi pertumbuhan yang sangat besar. Layanan paling populer untuk memberi dan mendapatkan pinjaman Bitcoin dan koin adalah blockfi.com, lendabit, youhodler, btcpop, coinloan.io, dan mycred.io.

Apa masalah terbesar dengan Bitcoin?

Bitcoin, sayangnya, tidak sempurna. Itu adalah yang pertama dari jenisnya, dan tidak ada teknologi baru yang disempurnakan pada upaya pertama. Masalah terbesar saat ini dan jangka panjang yang dihadapi Bitcoin adalah energi dan skala. Bitcoin beroperasi melalui sistem PoW (proof-of-work), dan kerugian yang timbul adalah penggunaan energi yang tinggi; Bitcoin saat ini menggunakan 78 tW / jam per tahun (banyak di antaranya, meskipun tidak semua, menggunakan karbon). Untuk memberikan beberapa perspektif, terawatt-jam adalah kesatuan energi yang sama dengan menghasilkan satu triliun watt selama satu jam. Meskipun demikian, jaringan Bitcoin mengkonsumsi energi tiga kali lebih sedikit daripada sistem uang tradisional; Masalahnya terletak pada penggunaan energi pada adopsi massal dan pada penggunaan energi relatif terhadap cryptocurrency lainnya.[18] Sistem PoS (proof-of-stake), seperti yang digunakan oleh Ethereum, menggunakan energi 99,95% lebih sedikit daripada alternatif PoW.[19] Ini lebih penting daripada data konsumsi energi absolut, karena ini mengisyaratkan fakta bahwa Bitcoin

---

[18] "Bank mengkonsumsi lebih dari tiga kali lebih banyak energi daripada Bitcoin ...." https://bitcoinist.com/banks-consume-energy-bitcoin/.
[19] "Proof-of-stake bisa membuat Ethereum 99,95% lebih hemat energi ...." https://www.morningbrew.com/emerging-tech/stories/2021/05/19/proofofstake-make-ethereum-9995-energyefficient-work.

memiliki potensi untuk mengkonsumsi energi jauh lebih sedikit daripada saat ini; bahkan jika kebutuhan energi yang ideal masih jauh. Selain skala, masalah yang sama pentingnya yang dihadapi Bitcoin dalam jangka panjang (bukan dalam hal kelangsungan hidup, tetapi dalam hal nilai) adalah utilitas. Bitcoin memiliki sedikit utilitas yang melekat dan berfungsi lebih sebagai penyimpan nilai daripada sebagai teknologi. Dapat dikatakan bahwa Bitcoin mengisi ceruk dan bertindak seperti emas digital, tetapi pedang bermata dua dari ceruk yang tidak aktif adalah bahwa volatilitas Bitcoin sangat tinggi untuk penyimpan nilai jangka panjang dan pada titik tertentu volatilitas harus menurun atau penggunaan akan tetap terbatas pada demografis yang nyaman dengan volatilitas tinggi. Paling tidak, pertanyaan tentang utilitas memang memunculkan pertanyaan tentang alternatif altcoin; karena kasus penggunaan cryptocurrency bervariasi, terutama dalam hal utilitas, dan oleh karena itu cryptocurrency selain Bitcoin harus dan akan ada dalam skala besar dalam jangka panjang. Pertanyaan yang mana, jika dijawab dengan benar, akan sangat menguntungkan.

Apakah Bitcoin memiliki koin atau token?

Bitcoin terdiri dari koin, tetapi memahami perbedaan antara token dan koin itu penting. Token cryptocurrency adalah unit digital yang mewakili aset, seperti koin. Namun, sementara koin dibangun di atas blockchain mereka sendiri, token dibangun di atas blockchain lain. Banyak token menggunakan blockchain Ethereum, dan dengan demikian disebut sebagai token, bukan koin. Koin hanya digunakan sebagai uang, sedangkan token memiliki kegunaan yang lebih luas.

Memahami token adalah bagian integral dari memahami dengan tepat apa yang Anda perdagangkan, serta memahami semua penggunaan mata uang digital, dan untuk alasan tersebut subkategori token paling populer dianalisis di sini:

1. *Token keamanan* mewakili kepemilikan sah atas suatu aset, baik digital maupun fisik. Kata "keamanan" dalam token keamanan tidak berarti keamanan seperti aman, melainkan "keamanan" mengacu pada instrumen keuangan apa pun yang memiliki nilai dan dapat diperdagangkan. Pada dasarnya, token keamanan mewakili investasi atau aset.

2. *Token utilitas* dibangun ke dalam protokol yang ada dan dapat mengakses layanan protokol itu. Ingat, protokol

menyediakan aturan dan struktur untuk diikuti node, dan token utilitas dapat digunakan untuk tujuan yang lebih luas daripada hanya sebagai token pembayaran. Misalnya, token utilitas biasanya diberikan kepada investor selama ICO. Kemudian, nantinya, investor dapat menggunakan token utilitas yang mereka terima sebagai alat pembayaran pada platform tempat mereka menerima token. Hal utama yang perlu diingat adalah bahwa token utilitas dapat melakukan lebih dari sekadar berfungsi sebagai sarana untuk membeli atau menjual barang dan jasa.

3. *Token tata kelola* digunakan untuk membuat dan menjalankan sistem pemungutan suara untuk cryptocurrency yang memungkinkan peningkatan sistem tanpa pemilik terpusat.

4. *Token pembayaran (transaksional)* hanya digunakan untuk membayar barang dan jasa.

Bisakah Anda menghasilkan uang hanya dengan memegang Bitcoin?

Banyak koin akan memberikan hadiah hanya untuk memegang aset; Pemegang Ethereum akan segera menghasilkan 5% APR pada ETH yang dipertaruhkan. Namun, kata yang penting adalah "dipertaruhkan" karena semua koin yang menawarkan uang hanya untuk memegang koin atau token (disebut "hadiah staking") beroperasi pada sistem dan algoritma PoS (proof-of-stake). Algoritma PoS adalah alternatif untuk PoW (proof-of-work) yang memungkinkan seseorang untuk menambang dan memvalidasi transaksi berdasarkan jumlah koin yang dimiliki. Jadi, dengan PoS, semakin banyak yang Anda miliki, semakin banyak milik saya. Ethereum akan segera berjalan dengan proof-of-stake, dan banyak alternatif sudah melakukannya. Semua yang dikatakan, Anda masih bisa mendapatkan bunga atas Bitcoin Anda dengan meminjamkannya kepada peminjam.

Apakah Bitcoin memiliki slippage?

Untuk memberikan beberapa konteks, slippage dapat terjadi ketika perdagangan ditempatkan dengan pesanan pasar. Pesanan pasar mencoba untuk mengeksekusi pada harga terbaik, tetapi kadang-kadang perbedaan mencolok antara harga yang diharapkan dan harga aktual terjadi. Misalnya, Anda mungkin melihat bahwa examplecoin berada di $100, jadi Anda memasukkan pesanan pasar seharga $1000. Namun, Anda akhirnya hanya mendapatkan 9,8 examplecoin untuk $ 1000 Anda, dibandingkan dengan 10 yang diharapkan. Slippage terjadi karena spread bidask berubah dengan cepat (pada dasarnya, harga pasar berubah). Bitcoin dan sebagian besar mata uang kripto dapat mengalami slippage; Untuk alasan ini, jika Anda menempatkan pesanan besar, pertimbangkan untuk menempatkan pesanan batas sebagai lawan dari pesanan pasar. Ini akan menghilangkan selip.

Akronim Bitcoin apa yang harus saya ketahui?

ATH

Akronim yang berarti "semua waktu tinggi." Ini adalah harga tertinggi yang dicapai cryptocurrency dalam jangka waktu yang dipilih.

ATL

Akronim yang berarti "semua waktu rendah." Ini adalah harga terendah yang dicapai cryptocurrency dalam jangka waktu yang dipilih.

BTD

Akronim yang berarti "Beli Dip." Mungkin juga diwakili, bersama dengan beberapa bahasa asin, sebagai BTFD.

CEX

Akronim yang berarti "pertukaran terpusat." Pertukaran terpusat dimiliki oleh perusahaan yang mengelola transaksi. Coinbase adalah CEX yang populer.

ICO

"Penawaran koin awal."

P2P

"Kaki adalah kaki."

PND

"Pompa dan buang."

ROI

"Pengembalian investasi."

DLT

Akronim yang berarti "Teknologi Buku Besar Terdistribusi." Buku besar terdistribusi adalah buku besar yang disimpan di banyak lokasi berbeda sehingga transaksi dapat divalidasi oleh banyak pihak. Jaringan Blockchain menggunakan buku besar terdistribusi.

SATS

SATS adalah singkatan dari Satoshi Nakamoto, yang merupakan nama samaran yang digunakan oleh pencipta Bitcoin. SATS adalah unit bitcoin terkecil yang diizinkan, yaitu 0,000000001 BTC. Unit terkecil dari bitcoin juga disebut hanya sebagai Satoshi.

Bahasa gaul Bitcoin apa yang harus saya ketahui?

Tas

Tas mengacu pada posisi seseorang. Misalnya, jika Anda memiliki jumlah yang cukup besar dalam koin, Anda memiliki sekantong koin.

Tempat Tas

Pemegang tas adalah pedagang yang memiliki posisi dalam koin yang tidak berharga. Pemegang tas sering mengulurkan harapan pada posisi mereka yang tidak berharga

Lumba-lumba

Pemegang Crypto diklasifikasikan melalui beberapa hewan yang berbeda. Mereka yang memiliki kepemilikan sangat besar, seperti di 10-an jutaan, disebut paus, sedangkan mereka yang memiliki kepemilikan berukuran sedang disebut lumba-lumba.

Membalik / Mengepakkan

"Flippening" digunakan untuk menggambarkan momen hipotetis ketika, jika sama sekali, Etherium (ETH) melewati Bitcoin (BTC)

dalam kapitalisasi pasar. "Flappening" adalah momen ketika Litecoin (LTC) melewati Bitcoin Cash (BCH) dalam kapitalisasi pasar. Flappening terjadi pada tahun 2018, sementara flippening belum terjadi, dan, murni berdasarkan kapitalisasi pasar, tidak mungkin terjadi.

Bulan / Ke Bulan

Istilah seperti "ke bulan" dan "ke bulan" hanya merujuk pada cryptocurrency yang naik nilainya, biasanya dengan jumlah yang ekstrem.

Peralatan uap

Vaporware adalah koin atau token yang telah dihipnotis, tetapi memiliki sedikit nilai intrinsik dan kemungkinan akan menurun nilainya.

Klub Vladimir

Istilah yang menggambarkan seseorang yang telah memperoleh 1% dari 1% (0,01%) dari pasokan maksimum cryptocurrency.

Tangan Lemah

Pedagang Anda memiliki "tangan lemah" kurang percaya diri untuk memegang aset mereka di. menghadapi volatilitas dan sering berdagang dengan emosi, sebagai lawan dari berpegang teguh pada rencana perdagangan mereka.

REKT

Ejaan fonetik dari "wrecked."

HODL

"Bertahanlah seumur hidup."

DYOR

"Lakukan risetmu sendiri."

FOMO

"Takut ketinggalan."

FUD

"Ketakutan, ketidakpastian dan keraguan."

JOMO

"Sukacita kehilangan."

ELI5

"Jelaskan seperti aku 5 tahun."

Bisakah Anda menggunakan leverage dan margin untuk memperdagangkan Bitcoin?

Untuk memberikan konteks bagi mereka yang tidak terbiasa dengan perdagangan leverage, pedagang dapat "memanfaatkan" kekuatan perdagangan dengan berdagang dengan dana pinjaman dari pihak ketiga. Misalnya, Anda memiliki $1.000 dan Anda menggunakan leverage 5x; Anda sekarang berdagang dengan dana senilai $ 5.000, $ 4.000 di antaranya Anda pinjam. Dengan fungsi yang sama, leverage 10x adalah $10.000 dan 100x adalah $100.000. Leverage memungkinkan Anda untuk memperbesar keuntungan dengan menggunakan uang yang bukan milik Anda dan menyimpan sebagian dari keuntungan ekstra. Perdagangan margin hampir dapat dipertukarkan dengan perdagangan leverage (karena margin menciptakan leverage) dan satu-satunya perbedaan adalah bahwa margin dinyatakan sebagai persentase deposit yang diperlukan, sedangkan leverage adalah rasio (artinya, Anda dapat melakukan margin trading dengan leverage 3x). Perdagangan leverage dan margin sangat berisiko; Secara umum, kecuali Anda memiliki trader berpengalaman dan Anda memiliki stabilitas keuangan, perdagangan leverage tidak disarankan. Yang mengatakan, banyak pertukaran memang menawarkan layanan perdagangan leverage untuk Bitcoin dan cryptocurrency lainnya. Berikut ini daftar layanan terbaik yang menawarkan perdagangan leverage kripto:

- Binance (populer, terbaik secara keseluruhan)
- Bybit (grafik terbaik)
- BitMEX (paling mudah digunakan)
- Deribit (terbaik untuk perdagangan Bitcoin dengan leverage)
- Kraken (populer, user friendly)
- Poloniex (likuiditas tinggi)

Apa itu gelembung Bitcoin?

Gelembung dalam Bitcoin dan semua investasi mengacu pada waktu di mana semuanya naik pada tingkat yang tidak berkelanjutan. Seringkali, gelembung akan meletus dan memicu tabrakan besar.

Untuk alasan ini, berada dalam gelembung, apakah mengacu pada pasar secara keseluruhan atau koin atau token tertentu, adalah hal yang baik dan (lebih) buruk.

Apa artinya menjadi "bullish" atau "bearish" pada Bitcoin?

Menjadi beruang berarti Anda berpikir harga koin, token, atau nilai pasar secara keseluruhan akan turun. Jika Anda berpikir seperti ini, Anda juga dianggap "bearish" pada keamanan yang diberikan. Kebalikannya adalah menjadi bullish: seseorang yang berpikir keamanan akan naik nilainya adalah bullish pada keamanan itu. Kata-kata ini dipopulerkan dalam terminologi pasar saham, dan asal-usulnya dianggap terkait dengan sifat-sifat hewan: seekor banteng akan mendorong tanduknya ke atas saat menyerang lawan, sementara beruang akan berdiri dan menggesek ke bawah.

Apakah Bitcoin bersifat siklus?

Ya, Bitcoin secara historis siklis dan cenderung beroperasi pada siklus multi-tahun (khususnya, siklus 4 tahun) yang secara historis dipecah menjadi sebagai berikut: terobosan tertinggi, koreksi, akumulasi, dan akhirnya pemulihan dan kelanjutan. Ini dapat disederhanakan menjadi besar ke atas, besar ke bawah, sedikit ke atas atau ke samping, dan besar ke atas. Tertinggi terobosan biasanya mengikuti (biasanya setahun atau lebih setelah) peristiwa halving Bitcoin, yang terjadi setiap empat tahun (yang terbaru terjadi pada tahun 2020). Ini, tidak berarti, adalah ilmu pasti, tetapi memberikan beberapa perspektif tentang potensi jangka menengah dan aksi harga Bitcoin. Selain itu, lompatan besar Altcoin (khususnya altcoin menengah dan kecil) biasanya terjadi ketika Bitcoin tidak membuat pergerakan besar ke atas atau pergerakan besar ke bawah, dan sering mengikuti pergerakan besar ke atas. Pada titik seperti itu, investor mengambil keuntungan Bitcoin (sementara harga terkonsolidasi) dan memasukkannya ke dalam koin yang lebih kecil. Jadi, semua ini umumnya sesuatu untuk dipikirkan, terutama jika Anda berpikir untuk membeli atau menjual Bitcoin.

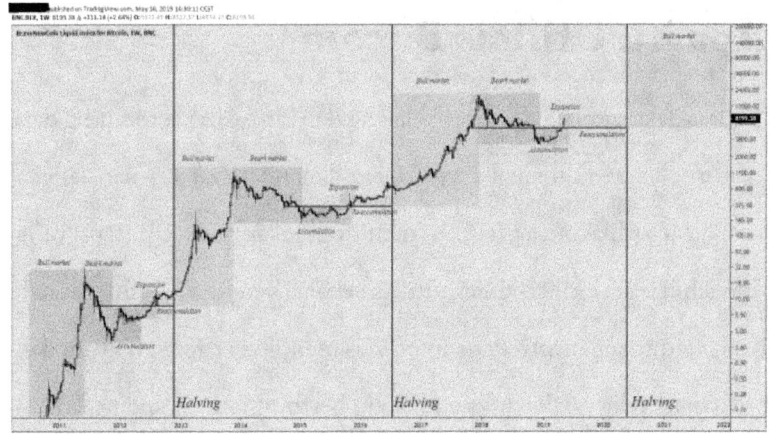

2021

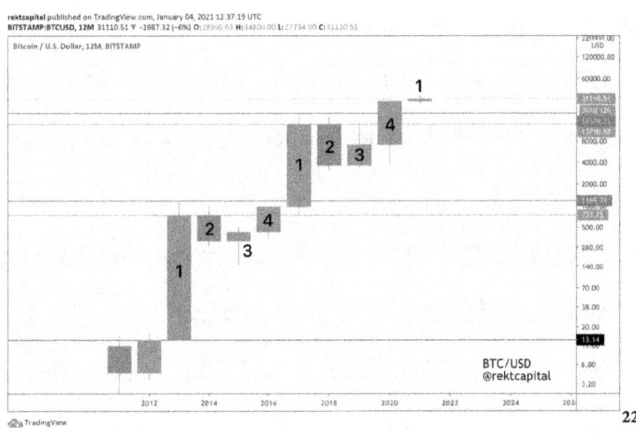

20

[21] "Rincian Siklus Empat Tahun Bitcoin | Akademi Forex." 10 Februari 2021, https://www.forex.academy/detailed-breakdown-of-bitcoins-four-years-cycles/. Diakses 4 Sep. 2021.

[22] "Rincian Siklus Empat Tahun Bitcoin | Hacker Siang." 29 Oktober 2020, https://hackernoon.com/a-detailed-breakdown-of-bitcoins-four-year-cycles-icp3z0q. Diakses 4 Sep. 2021.

Apa itu Utilitas Bitcoin?

Utilitas dalam koin atau token adalah salah satu aspek terpenting dari uji tuntas karena memahami utilitas dan nilai saat ini dan jangka panjang di balik koin atau token memungkinkan analisis potensi yang jauh lebih jelas. Utilitas didefinisikan sebagai berguna dan fungsional; Koin atau token kripto dengan utilitas memiliki kegunaan nyata dan praktis: mereka tidak hanya ada tetapi berfungsi untuk memecahkan masalah atau menawarkan layanan. Koin dengan penggunaan dan kasus penggunaan saat ini yang paling fungsional cenderung berhasil dibandingkan dengan koin tanpa tujuan, penggunaan, dan inovasi yang berkelanjutan. Berikut adalah beberapa studi kasus, termasuk Bitcoin:

- ❖ Bitcoin (BTC) berfungsi sebagai penyimpan nilai yang andal dan jangka panjang, mirip dengan "emas digital."
- ❖ Ethereum (ETH) memungkinkan pembuatan dApps dan Kontrak Cerdas di atas blockchain Ethereum.
- ❖ Storj (STORJ) dapat digunakan untuk menyimpan data di cloud dengan cara yang terdesentralisasi, mirip dengan Google Drive dan Dropbox.
- ❖ Basic Attention Token (BAT) digunakan dalam browser Brave untuk mendapatkan hadiah dan mengirim tip kepada kreator.

❖ Golem (GNT) adalah superkomputer global yang menawarkan sumber daya komputasi sewaan dengan imbalan token GNT.

Apakah lebih baik memegang Bitcoin atau memperdagangkannya?

Secara historis, lebih menguntungkan dan lebih mudah untuk hanya memegang Bitcoin. Waktu, usaha, dan waktu yang dibutuhkan untuk berdagang dengan sukses (atau untuk menghasilkan keuntungan lebih besar daripada mereka yang memegang) adalah campuran yang sangat sulit untuk dikumpulkan; Mereka yang melakukannya biasanya pedagang penuh waktu atau memiliki akses ke alat yang tidak dimiliki orang lain. Kecuali Anda bersedia merangkul tingkat dedikasi ini atau Anda benar-benar menikmati prosesnya, Anda jauh lebih baik memegang dan membeli Bitcoin untuk jangka panjang.

Apakah berinvestasi dalam Bitcoin berisiko?

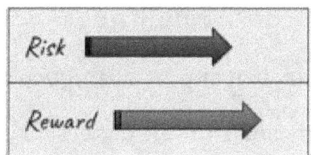

Gambar di atas didasarkan pada prinsip tradeoff risiko-pengembalian. Ketika seseorang melihat orang lain menghasilkan uang (seperti yang sebagian besar dan berbahaya dimungkinkan oleh media sosial, karena semua orang memposting kemenangan dan bukan kerugian), seperti yang saat ini terjadi di pasar crypto, kita cenderung secara tidak sadar (atau sadar) menganggap kurangnya risiko yang signifikan. Namun, secara umum (terutama dalam hal investasi), semakin banyak imbalan, semakin banyak risiko. Berinvestasi dalam cryptocurrency tidak bebas risiko, atau berisiko rendah; Ini sangat berisiko, tetapi menjadi pedang bermata dua, ia juga menawarkan hadiah yang luar biasa.

Apa itu kertas putih Bitcoin?

Buku putih adalah laporan informasi yang dikeluarkan oleh organisasi tentang produk, layanan, atau gagasan umum tertentu. Buku putih menjelaskan (benar-benar, menjual) konsep dan memberikan ide dan jadwal peristiwa masa depan. Umumnya, ini membantu pembaca memahami masalah, mencari tahu bagaimana pencipta makalah bertujuan untuk memecahkan masalah itu, dan membentuk opini tentang proyek itu. Tiga jenis kertas putih sering mengunjungi ruang bisnis: pertama, "latar belakang," yang menjelaskan latar belakang di balik suatu produk, layanan, atau ide dan memberikan informasi teknis yang berfokus pada pendidikan yang menjual pembaca. Jenis kertas putih kedua adalah "daftar bernomor" yang menampilkan konten dalam format yang mudah dicerna dan berorientasi angka. Misalnya, "10 kasus penggunaan untuk CM koin" atau "10 alasan token HL akan mendominasi pasar." Jenis terakhir adalah kertas putih masalah / solusi, yang mendefinisikan masalah yang ingin dipecahkan oleh produk, layanan, atau ide, dan menjelaskan solusi yang dibuat.

Buku putih digunakan dalam ruang crypto untuk menjelaskan konsep-konsep baru dan teknis, visi, dan rencana seputar proyek tertentu. Semua proyek crypto profesional akan memiliki kertas putih, biasanya ditemukan di situs web mereka. Membaca buku putih memberi Anda pemahaman yang lebih baik tentang sebuah proyek daripada hampir semua sumber informasi tunggal lainnya yang dapat diakses. Buku putih Bitcoin diterbitkan pada tahun 2008 dan menguraikan prinsip-prinsip sistem pembayaran elektronik yang aman secara kriptografis, terdistribusi, dan P2P yang transparan dan tidak terkendali. Anda dapat membaca sendiri kertas putih Bitcoin asli di tautan berikut:

bitcoin.org/bitcoin.pdf

Di bawah ini adalah beberapa situs web yang menyediakan informasi lebih lanjut tentang, atau akses ke, kertas putih cryptocurrency.

Semua Buku Putih Crypto

https://www.allcryptowhitepapers.com/

Peringkat Kripto

https://cryptorating.eu/whitepapers/

Meja Koin.

https://www.coindesk.com/tag/white-papers

Apa itu kunci Bitcoin?

Kunci adalah string karakter acak yang digunakan oleh algoritma untuk mengenkripsi data. Bitcoin dan sebagian besar cryptocurrency menggunakan dua kunci: kunci publik dan kunci pribadi. Kedua kunci adalah string huruf dan angka. Setelah pengguna memulai transaksi pertama mereka, sepasang kunci publik dan kunci pribadi dibuat. Kunci publik digunakan untuk menerima cryptocurrency, sedangkan kunci pribadi memungkinkan pengguna untuk melakukan transaksi dari akun mereka. Kedua kunci disimpan dalam dompet.

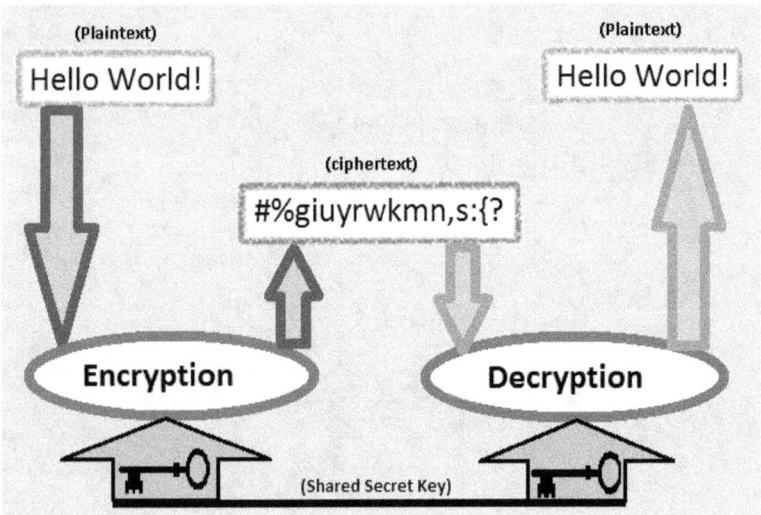

[23]

---

[23] Dev-NJITWILL / PDM / File:Crypto.png

Apakah Bitcoin langka?

Ya. Bitcoin adalah aset deflasi dengan pasokan tetap. Mata uang kripto dengan pasokan tetap memiliki batas pasokan algoritmik. Bitcoin, seperti yang disebutkan, adalah aset pasokan tetap, karena tidak ada lagi koin yang dapat dibuat setelah 21 juta telah dimasukkan ke dalam sirkulasi. Saat ini, hampir 90% bitcoin telah ditambang dan sekitar 0,5% dari total pasokan dihapus dari peredaran per tahun (karena koin dikirim ke akun yang tidak dapat diakses. Sesuai halving (dibahas nanti), Bitcoin akan mencapai pasokan maksimumnya sekitar tahun 2140. Banyak mata uang kripto lainnya (bersumber dari situs web cryptoli.st, periksa sendiri jika Anda tertarik dengan daftar kripto lainnya) seperti Binance Coin (BNB), Cardano (ADA), Litecoin (LTC), dan ChainLink (LINK), juga didirikan di atas sistem deflasi pasokan tetap. Informasi lebih lanjut tentang konsep sistem deflasi dan mengapa hal ini membuat Bitcoin langka diuraikan dalam pertanyaan "apa arti deflasi Bitcoin?" di bawah ini.

Apa itu paus Bitcoin?

Paus, dalam cryptocurrency, mengacu pada individu atau entitas yang memegang cukup koin atau token tertentu untuk dianggap sebagai pemain utama dengan potensi untuk mempengaruhi aksi harga. Sekitar 1000 paus Bitcoin individu memiliki 40% dari semua Bitcoin, dan 13% dari semua Bitcoin disimpan di lebih dari 100 akun.[24] Paus Bitcoin dapat memanipulasi harga Bitcoin melalui berbagai strategi, dan tentu saja dalam beberapa tahun terakhir. Artikel terkait yang menarik (diterbitkan oleh Medium) adalah "Paus Bitcoin dan Manipulasi Pasar Crypto."

---

[24] "Dunia aneh 'paus' Bitcoin 22 Januari 2021,
https://www.telegraph.co.uk/technology/2021/01/22/weird-world-bitcoin-whales-2500-people-control-40pc-market/.

Siapa Penambang Bitcoin?

Penambang Bitcoin adalah siapa saja yang meminjamkan daya komputasi ke jaringan Bitcoin. Ini berkisar dari pengguna PC Nicehash hingga menyelesaikan peternakan penambangan; Siapa pun yang menambahkan kekuatan apa pun ke jaringan (sehingga meningkatkan tingkat hash) didefinisikan sebagai penambang.

Penambang Bitcoin menawarkan daya komputasi ke jaringan Bitcoin, yang digunakan untuk memverifikasi transaksi dan menambahkan blok ke blockchain, dengan imbalan imbalan dalam Bitcoin.

Apa artinya "membakar" Bitcoin?

Istilah "terbakar" mengacu pada proses pembakaran, yang merupakan mekanisme pasokan yang memungkinkan koin dikeluarkan dari peredaran, karenanya bertindak sebagai alat deflasi dan meningkatkan nilai koin satu sama lain dalam jaringan (konsep yang sangat mirip dengan perusahaan yang membeli kembali saham di pasar saham). Pembakaran dapat dilakukan dengan beberapa cara berbeda: salah satu cara ini adalah mengirim koin ke dompet yang tidak dapat diakses, yang disebut "alamat pemakan." Dalam hal ini, sementara token secara teknis belum dihapus dari total pasokan, pasokan yang beredar telah turun secara efektif. Saat ini, sekitar 3,7 juta Bitcoin (200+ miliar nilai) telah hilang melalui proses ini. Token juga dapat dibakar dengan mengkodekan fungsi burn ke dalam protokol yang mengatur token, tetapi opsi yang jauh lebih populer adalah melalui alamat eater yang disebutkan. Analisis cryptocurrency bernama Timothy Paterson telah menegaskan bahwa 1.500 Bitcoin hilang setiap hari, yang jauh melebihi peningkatan harian rata-rata (melalui penambangan) 900. Pada akhirnya, sampai titik tertentu, hilangnya koin meningkatkan kelangkaan dan nilai.

Apa yang dimaksud dengan deflasi Bitcoin?

Bitcoin adalah aset pasokan tetap (artinya pasokan koin memiliki batas algoritmik) karena tidak ada lagi koin yang dapat dibuat setelah 21 juta telah beredar. Saat ini, hampir 90% Bitcoin telah ditambang, dan sekitar 0,5% dari total pasokan hilang per tahun. Sebagai hasil dari halving, Bitcoin akan mencapai pasokan maksimumnya sekitar 2140. Manfaat yang paling jelas dari sistem pasokan tetap adalah bahwa sistem tersebut bersifat deflasi. Aset deflasi adalah aset di mana total penawaran menurun dari waktu ke waktu, dan karenanya setiap unit meningkat nilainya. Misalnya, Anda terdampar di pulau terpencil dengan 10 orang lainnya, dan setiap orang memiliki 1 botol air. Karena beberapa orang mungkin akan minum air mereka, total pasokan 100 botol air hanya dapat berkurang. Hal ini membuat air menjadi aset deflasi. Ketika total pasokan menyusut, setiap botol air menjadi semakin berharga. Katakanlah, sekarang, hanya ada 20 botol air yang tersisa. Masing-masing dari 20 botol air bernilai sebanyak 5 botol air pernah bernilai ketika semua 100 sedang diedarkan. Dengan cara ini, pemegang aset deflasi jangka panjang mengalami peningkatan nilai kepemilikan mereka karena nilai fundamental relatif terhadap keseluruhan (dalam contoh botol air, 1 botol dari 100 adalah 1%, sedangkan 1 dari 20 adalah 5%, membuat setiap botol bernilai 5x lebih banyak) telah meningkat. Secara keseluruhan, model pasokan tetap dan deflasi, seperti emas digital (terutama yang berkaitan dengan Bitcoin secara khusus), akan meningkatkan nilai fundamental setiap koin atau token dari waktu ke waktu dan menciptakan nilai melalui kelangkaan.

Berapa volume Bitcoin?

Volume perdagangan, yang dikenal hanya sebagai "volume," adalah jumlah koin atau token yang diperdagangkan dalam jangka waktu tertentu. Volume dapat menunjukkan kesehatan relatif dari koin tertentu atau pasar secara keseluruhan. Misalnya, pada tulisan ini, Bitcoin (BTC) memiliki volume 24 jam sebesar $ 46 miliar, sementara Litecoin (LTC), dalam jangka waktu yang sama, diperdagangkan $ 7 miliar. Namun, angka ini sendiri agak sewenang-wenang; Cara perbandingan standar dalam volume adalah rasio antara kapitalisasi pasar dan volume. Misalnya, melanjutkan dengan dua koin di atas, Bitcoin memiliki kapitalisasi pasar $ 1,1 triliun dan volume $ 46 miliar, yang berarti bahwa $ 1 dalam setiap $ 24 di jaringan diperdagangkan dalam 24 jam terakhir. Litecoin memiliki kapitalisasi pasar $ 16,7 miliar dan volume 24 jam sebesar $ 7 miliar, yang berarti bahwa $ 1 dari setiap $ 2,3 di jaringan diperdagangkan dalam 24 jam terakhir. Melalui pemahaman tentang volume, informasi lain tentang koin, seperti popularitas, volatilitas, utilitas, dan sebagainya, dapat lebih dipahami. Informasi tentang volume Bitcoin dan cryptocurrency lainnya dapat ditemukan di bawah ini:

CoinMarketCap – coinmarketcap.com

CoinGecko – coingecko.com

Bagaimana Bitcoin ditambang?

Bitcoin ditambang melalui penerapan node (node, untuk rekap, adalah komputer dalam jaringan). Node memecahkan masalah hashing yang kompleks, dan pemilik node dihargai sebanding dengan jumlah pekerjaan (karenanya, proof-of-work) yang diselesaikan. Dengan cara ini, pemilik node (disebut penambang) dapat menambang Bitcoin.

Bisakah Anda mendapatkan USD dengan Bitcoin?

Ya! Dalam pertanyaan langsung di bawah ini, Anda akan belajar tentang pasangan. Mata uang fiat dapat dikonversi ke dalam dan keluar dari Bitcoin melalui pasangan fiat-to-crypto. Pasangan Bitcoin-ke-USD adalah BTC/USD. Dolar AS adalah mata uang kutipan untuk Bitcoin dan mata uang lainnya, yang berarti USD adalah tolok ukur perbandingan mata uang kripto lainnya; inilah mengapa Anda mungkin mengatakan "Bitcoin mencapai 50.000" sementara Bitcoin benar-benar baru saja mencapai nilai yang setara dengan 50.000 dolar AS.

Apa itu pasangan Bitcoin?

Semua cryptocurrency beroperasi berpasangan. Pasangan adalah kombinasi dari dua cryptocurrency yang memungkinkan cryptos tersebut untuk dipertukarkan. Pasangan BTC/ETH (crypto-to-crypto) memungkinkan Bitcoin ditukar dengan Ethereum, dan sebaliknya. Pasangan BTC / USD (crypto-to-fiat) memungkinkan Bitcoin untuk ditukar dengan Dolar AS, dan sebaliknya. Mengingat sejumlah besar cryptocurrency yang lebih kecil, pasar pertukaran difokuskan di sekitar beberapa cryptocurrency besar yang, pada gilirannya, bertukar menjadi hal lain. Misalnya, pasangan Celo (CGLD) ke Fetch.ai (FET) mungkin tidak ada, tetapi pasangan CGLD/BTC dan BTC/FET memungkinkan CGLD dikonversi menjadi FET. Sederhananya, pasangan adalah web yang menghubungkan aset yang berbeda. Pasangan juga memungkinkan arbitrase, yaitu perdagangan pada perbedaan harga pasangan antara bursa dan pasar yang berbeda.

Apakah Bitcoin lebih baik dari Ethereum?

Perbedaan utama antara Bitcoin dan Etherem adalah proposisi nilai. Bitcoin diciptakan sebagai penyimpan nilai, kerabat dengan emas digital, sementara Ethereum bertindak sebagai platform di mana aplikasi terdesentralisasi (dApps) dan kontrak pintar dibuat (didukung oleh token ETH dan bahasa pemrograman Solidity). Karena ETH diperlukan untuk menjalankan dApps di blockchain Ethereum, nilai ETH agak terkait dengan utilitas. Dalam satu kalimat; Bitcoin adalah mata uang, sedangkan Ethereum adalah teknologi, dan dalam hal ini Ethereum tidak diciptakan sebagai pesaing Bitcoin, melainkan untuk melengkapi dan membangun di sampingnya. Untuk ini, pertanyaan mana yang lebih baik adalah seperti membandingkan apel dengan batu bata; Keduanya hebat dalam apa yang mereka lakukan dan memilih satu sama lain adalah memilih proposisi nilai di atas yang lain (misalnya: kita membutuhkan apel untuk makanan, tetapi batu bata untuk membuat tempat berlindung), pertanyaan yang tidak memiliki jawaban yang jelas atau disepakati.

Bisakah Anda membeli barang dengan Bitcoin?

Bitcoin mewakili rasa nilai bersama; Nilai dapat ditransaksikan, dan ditukar dengan item dengan nilai setara atau mendekati setara, sama seperti mata uang lainnya. Meskipun demikian, cukup sulit atau tidak mungkin untuk langsung membeli sebagian besar barang dengan Bitcoin (yang mengatakan, opsi memang ada dan berkembang pesat). Tentu saja, seseorang mungkin selalu hanya menukar Bitcoin dengan mata uang yang diberikan dan menggunakan mata uang tersebut untuk membeli barang, tetapi pertanyaannya tetap: mengapa Anda belum dapat menggunakan Bitcoin untuk membeli barang apa pun yang seharusnya Anda bayar dengan metode pembayaran digital lainnya? Pertanyaan seperti itu rumit, tetapi sebagian besar berkaitan dengan fakta bahwa sistem mata uang yang didukung pemerintah telah bekerja cukup lama, sementara cryptocurrency baru dan beroperasi di luar kendali dan pengaruh pemerintah. Tren saat ini menunjukkan cryptocurrency mengintegrasikan sebagian besar ke dalam pengecer, grosir, dan penjual independen online (dan sampai taraf tertentu, offline) (melalui integrasi dengan pemroses pembayaran, seperti Stripe, PayPal, Square, dll). Sudah, Microsoft (di toko Xbox), Home Depot (melalui Flexa), Starbucks (melalui Bakkt),

Whole Foods (melalui Spedn), dan banyak perusahaan lain menerima Bitcoin; titik kritisnya adalah pengecer online besar yang menerima Bitcoin (Amazon, Walmart, Target, dll) dan titik di mana pemerintah merangkul atau mendorong kembali terhadap cryptocurrency sebagai metode pembayaran.

Bagaimana sejarah Bitcoin?

Pada tahun 1991, rantai blok yang diamankan secara kriptografis dikonseptualisasikan untuk pertama kalinya. Hampir satu dekade kemudian, pada tahun 2000, Stegan Knost menerbitkan teorinya tentang rantai aman kriptografi, serta ide-ide untuk implementasi praktis dan 8 tahun setelah itu, Satoshi Nakamoto merilis kertas putih (kertas putih menjadi laporan dan panduan menyeluruh) yang membentuk model untuk blockchain. Pada tahun 2009, Nakamoto menerapkan blockchain pertama, yang digunakan sebagai buku besar publik untuk transaksi yang dilakukan menggunakan cryptocurrency yang ia kembangkan, yang disebut Bitcoin. Akhirnya, pada tahun 2014, kasus penggunaan untuk jaringan blockchain dan blockchain mulai berkembang di luar cryptocurrency, sehingga membuka kemungkinan Bitcoin dan blockchain ke dunia yang lebih luas.

Bagaimana cara membeli Bitcoin?

Bitcoin terutama dapat dibeli melalui pertukaran dan dipegang, selanjutnya, di bursa atau di dompet. Pertukaran populer untuk pengguna AS dan global tercantum di bawah ini:

KITA

Coinbase - coinbase.com (terbaik untuk investor baru)

PayPal - paypal.com (mudah bagi mereka yang sudah menggunakan PayPal)

Binance US - binance.us (terbaik untuk altcoin, investor tingkat lanjut)

Bisq - bisq.network (terdesentralisasi)

Global (tidak tersedia/fungsi terbatas di AS)

Binance - binance.com (terbaik secara keseluruhan)

Huibo Global - huobi.com (penawaran terbanyak)

7b - sevenb.io (mudah)

Crypto.com - crypto.com (biaya terendah)

Setelah akun dibuat di bursa, pengguna dapat mentransfer mata uang fiat ke akun untuk membeli cryptocurrency yang diinginkan.

Apakah Bitcoin merupakan investasi yang bagus?

Dalam istilah historis, Bitcoin adalah salah satu investasi terbaik dalam dekade terakhir; tingkat pengembalian majemuk sekitar 200% per tahun dan $ 10 dimasukkan ke dalam Bitcoin pada tahun 2010 akan bernilai $ 7,6 juta hari ini (pengembalian investasi 76.500.000% yang mencengangkan). Namun, pengembalian cepat yang dihasilkan oleh Bitcoin di masa lalu tidak dapat mempertahankan diri tanpa batas, dan pertanyaan apakah Bitcoin *akan menjadi* investasi yang baik adalah satu sama lain. Secara umum, fakta saat ini membuat Bitcoin menjadi pegangan jangka panjang yang baik, terutama jika Anda percaya pada tren percepatan desentralisasi dan blockchain. Konon, sejumlah peristiwa angsa hitam dapat menyebabkan kerusakan ekstrem pada Bitcoin, dan sejumlah pesaing dapat menyalip tempat Bitcoin. Pertanyaan apakah akan berinvestasi harus didukung oleh fakta, tetapi berdasarkan pada Anda: jumlah risiko yang bersedia Anda ambil, jumlah uang yang Anda mampu dan bersedia mengambil risiko, dan sebagainya. Jadi, apakah Anda meneliti, berpikir serasional mungkin, dan membuat keputusan perdagangan yang tidak akan Anda sesali.

Akankah Bitcoin crash?

Bitcoin adalah aset yang sangat siklis dan cenderung sering crash. Untuk pemegang Bitcoin jangka panjang, flash crash dan periode beruang berkelanjutan sangat mungkin terjadi. Bitcoin telah jatuh 80% atau lebih (angka yang dianggap bencana di pasar lain) tiga kali berbeda sejak 2012; Dalam semua kejadian, ia dengan cepat bangkit kembali. Semua ini sebagian karena Bitcoin masih dalam fase penemuan harga dan berkembang pesat dalam hal adopsi, sehingga volatilitas merajalela. Singkatnya; Secara historis, sementara Bitcoin tidak diragukan lagi akan jatuh, itu juga pasti akan pulih.

Apa itu sistem PoW Bitcoin?

Algoritma PoW digunakan untuk mengkonfirmasi transaksi dan membuat blok baru pada blockchain tertentu. PoW, yang berarti Bukti kerja, secara harfiah berarti bahwa kerja (melalui persamaan matematika) diperlukan untuk membuat blok. Orang-orang yang melakukan pekerjaan adalah penambang, dan penambang dihargai atas upaya komputasi mereka melalui ekuitas.

Apa itu Bitcoin Halving?

Halving adalah mekanisme pasokan yang mengatur tingkat di mana koin ditambahkan ke cryptocurrency pasokan tetap. Ide dan prosesnya dipopulerkan oleh Bitcoin, yang dibagi dua setiap 4 tahun. Halving digerakkan oleh pengurangan terprogram dalam imbalan penambangan; Block Rewards adalah hadiah yang diberikan kepada para penambang (sungguh, komputer) yang memproses dan memvalidasi transaksi dalam jaringan blockchain tertentu. Dari 2016 hingga 2020, semua komputer (disebut node) di jaringan Bitcoin secara kolektif memperoleh 12,5 Bitcoin setiap 10 menit, dan itu adalah jumlah Bitcoin yang memasuki sirkulasi. Namun, setelah 11 Mei th, 2020, hadiah turun menjadi 6,25 Bitcoin per jangka waktu yang sama. Dengan cara ini, untuk setiap 210.000 blok yang ditambang, yang setara dengan kira-kira setiap empat tahun, hadiah blok akan terus berkurang setengahnya hingga batas maksimal 21 juta koin tercapai sekitar tahun 2040. Dengan demikian, halving kemungkinan akan meningkatkan nilai Bitcoin dan cryptocurrency lainnya dengan mengurangi pasokan sementara tidak mengubah permintaan. Kelangkaan, seperti yang disebutkan, mendorong nilai, dan pasokan terbatas dikombinasikan dengan meningkatnya permintaan menciptakan kelangkaan yang semakin besar. Untuk alasan ini, halving secara historis mendorong harga Bitcoin naik dan kemungkinan akan menjadi katalis pertumbuhan jangka panjang. Kredit angka untuk medium.com.

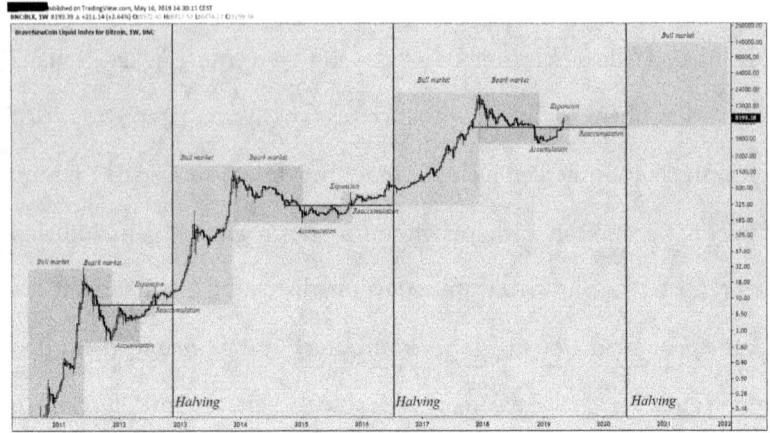

[25]

---

[25] https://medium.com/coinmonks/how-the-bitcoin-halving-impacts-bitcoins-price-ac7ba87706f1

Mengapa Bitcoin tidak stabil?

Bitcoin masih dalam "fase penemuan harga" yang berarti pasar tumbuh sangat cepat sehingga nilai sebenarnya Bitcoin tetap tidak diketahui. Oleh karena itu, nilai yang dirasakan menjalankan pasar (diperparah oleh kurangnya organisasi untuk mengelola volatilitas Bitcoin) dan nilai yang dirasakan sangat mudah dipengaruhi oleh berita, rumor, dan sebagainya. Akhirnya, Bitcoin akan menjadi kurang stabil, tetapi tentu saja bisa memakan waktu cukup lama.

Haruskah saya berinvestasi dalam Bitcoin?

Pertanyaan apakah Anda harus berinvestasi dalam Bitcoin bukan hanya masalah Bitcoin, tetapi juga Anda. Bitcoin membawa risiko yang melekat, menjadi aset spekulatif dan mudah berubah, dan sementara potensi kenaikannya sangat besar, pedang risiko dan imbalan bermata dua harus diingat. Hal terbaik yang dapat Anda lakukan adalah belajar sebanyak mungkin tentang Bitcoin, cryptocurrency, dan blockchain (serta tren dalam mata pelajaran tersebut dan perkembangan dunia nyata), dan menghubungkan informasi itu ke dalam toleransi risiko Anda, situasi keuangan, dan variabel lain apa pun yang dapat mempengaruhi keputusan investasi Anda.

Bagaimana cara saya berhasil berinvestasi di Bitcoin?

5 aturan ini akan membantu Anda berhasil berinvestasi dalam Bitcoin, karena uang dan perdagangan adalah pengalaman emosional:

- ❖ Tidak ada yang bertahan selamanya
- ❖ Tidak akan, seharusnya, bisa
- ❖ Jangan emosional
- ❖ Diversifikasi
- ❖ Harga tidak masalah

Tidak ada yang bertahan selamanya

Pada tulisan ini pada awal 2021, pasar crypto berada dalam gelembung. Ini dikatakan sebagai optimis kripto. Pengembalian luar biasa yang dilakukan orang dan tren naik yang luar biasa dari hampir semua koin tidak berkelanjutan; Jika ini terus berlanjut selamanya, siapa pun dapat memasukkan uang ke dalam apa pun dan menghasilkan keuntungan besar. Ini tidak berarti bahwa pasar akan nol atau bahwa konsep yang mendorong pertumbuhan akan gagal; Saya hanya membuat kasus bahwa, pada titik tertentu, pertumbuhan yang luar biasa akan melambat. Ini mungkin lambat dan bertahap, atau cepat, seperti dalam kasus kecelakaan cepat. Secara historis, Bitcoin telah beroperasi melalui siklus yang melibatkan bull run besar-besaran, yang terbesar terjadi pada akhir 2017, Maret hingga Juli 2019, dan lagi dari November 2020 hingga saat penulisan ini, April 2021. Dalam bull run yang disebutkan, masing-masing, Bitcoin naik sekitar 15x (2017), 3x (2019), dan sekarang, dalam bull run saat ini, 10x dan terus bertambah. Dalam satu kasus sebelumnya di mana Bitcoin naik lebih dari 15x, bagian yang lebih baik dari tahun berikutnya kemudian dihabiskan untuk jatuh dari 20k ke 4k. Ini mendukung gagasan siklus Bitcoin yang disebutkan, yang pertama memiliki tren naik besar-besaran, dan kemudian jatuh ke posisi terendah yang lebih tinggi. Ini berarti beberapa hal: satu, ini adalah taruhan yang bagus untuk dipegang jika Bitcoin jatuh. Dua, jika Bitcoin dan pasar crypto naik saat Anda membaca ini, mungkin akan turun di beberapa titik dalam beberapa tahun ke depan. Jika turun saat Anda membaca ini, kemungkinan akan naik dengan cara yang sangat besar dalam beberapa tahun ke depan. Tentu saja, ekosistem pasar dapat berubah, tetapi ini adalah titik yang tepat untuk dibuat. Dengan asumsi bahwa cryptocurrency mencapai adopsi massal dan menjadi bagian integral dari semua aspek uang, bisnis, dan kehidupan umum, *itu harus stabil* di beberapa titik. Titik itu mungkin pada tahun 2021, 2023, atau 2030. Kemungkinan akan jatuh dan naik beberapa kali sebelum mantap ke pasar yang agak kurang stabil, setidaknya relatif terhadap dirinya yang dulu.

Tidak akan, seharusnya, bisa

Aturan ini diambil dari seorang pedagang saham populer dan legendaris serta pembawa acara *Mad Money*, Jim Cramer. Konsep ini bekerja di semua investasi, belum lagi di semua lapisan masyarakat, dan terkait dengan aturan #31. Ide diwakili melalui tidak akan memiliki, tidak seharusnya, dan tidak bisa. Ini berarti bahwa jika Anda melakukan perdagangan yang buruk, luangkan beberapa menit untuk memikirkan bagaimana Anda dapat belajar darinya dan meningkatkannya; Kemudian, setelah beberapa menit itu, jangan berpikir tentang apa yang *akan* Anda lakukan, apa yang *seharusnya* Anda lakukan, atau apa yang *bisa Anda* lakukan. Ini akan memungkinkan Anda untuk belajar dan meningkatkan sekaligus menjaga kewarasan, karena, pada akhirnya, Anda selalu bisa melakukannya dengan lebih baik. Jangan menyalahkan diri sendiri tentang kerugian dan jangan biarkan kemenangan sampai ke kepala Anda.

Jangan Emosional

Emosi adalah antitesis dari perdagangan teknis. Perdagangan teknis mendasarkan tindakan saat ini dan masa depan pada data historis dan, sayangnya, pasar tidak peduli bagaimana perasaan Anda. Emosi, lebih sering daripada tidak ("tidak" hanya karena kejadian acak membuat keputusan yang baik melalui proses yang buruk) hanya akan menyakiti Anda dan mengambil dari strategi perdagangan yang telah Anda kembangkan. Beberapa orang secara alami merasa nyaman dengan risiko dan rollercoaster emosional perdagangan; Jika tidak, Anda dapat mempertimbangkan untuk belajar tentang psikologi perdagangan (karena memahami emosi adalah pendahulu penerimaan, rasionalitas, dan kontrol) dan hanya dengan memberi diri Anda waktu. Analisis fundamental dan perdagangan jangka menengah hingga panjang masih membutuhkan semua ini, tetapi pada tingkat yang lebih rendah.

Diversifikasi

Diversifikasi melawan risiko. Dan, seperti yang kita tahu, crypto berisiko. Sementara siapa pun yang berinvestasi dalam cryptocurrency mengasumsikan dan kemungkinan mencari tingkat risiko tertentu (karena prinsip tradeoff risiko-pengembalian), Anda (mungkin) memiliki tingkat risiko tertentu yang tidak nyaman bagi Anda. Diversifikasi membantu Anda tetap berada dalam beban risiko maksimum itu. Meskipun saya tidak dapat berbicara dengan situasi unik Anda, saya akan merekomendasikan kepada investor crypto mana pun untuk mempertahankan portofolio yang agak terdiversifikasi, tidak peduli seberapa besar Anda percaya pada suatu proyek. Alokasi dana harus (biasanya) dibagi antara alternatif Bitcoin, Etherium atau ETH (seperti Cardano, BNB, dll) dan berbagai altcoin, bersama dengan sejumlah uang tunai. Sementara persentase yang tepat bervariasi tergantung pada situasi individu (35/25/30/10, 60/25/10/5, 20/20/40/20, dll), sebagian besar profesional akan setuju bahwa ini adalah cara paling berkelanjutan untuk berinvestasi, menangkap keuntungan di seluruh pasar, dan menurunkan kemungkinan kehilangan sebagian besar portofolio Anda karena satu atau beberapa keputusan yang salah. Namun, semua yang dikatakan, beberapa investor hanya memasukkan uang ke dalam satu atau dua cryptos top-50 dan memasukkan sebagian besar uang mereka ke altcoin kecil. Pada akhirnya, buat strategi yang sesuai dengan situasi, sumber daya, dan kepribadian Anda, dan kemudian diversifikasi dalam batas-batas strategi itu.

Harga tidak Masalah

Harga sebagian besar tidak relevan karena penawaran dan harga awal keduanya dapat ditetapkan. Hanya karena Binance Coin (BNB) berada di $500 dan Ripple (XRP) berada di $1,80 tidak berarti XRP bernilai 277x BNB; Faktanya, kedua koin tersebut saat ini berada dalam 10% dari kapitalisasi pasar masing-masing. Ketika cryptocurrency pertama kali dibuat, pasokan ditetapkan oleh tim di belakang aset; Tim dapat memilih untuk membuat 1 triliun koin, atau 10 juta. Jadi, melihat kembali XRP dan BNB, kita dapat melihat bahwa Ripple memiliki sekitar 45 miliar koin yang beredar dan Binance Coin memiliki 150 juta. Dengan cara ini, harga tidak terlalu penting. Koin seharga $ 0,0003 dapat bernilai lebih dari koin seharga $ 10.000 dalam hal kapitalisasi pasar, pasokan yang beredar, volume, pengguna, utilitas, dll. Harga bahkan lebih penting karena saham fraksional, yang memungkinkan investor menginvestasikan sejumlah uang dalam koin atau token terlepas dari harganya. Banyak metrik lain yang jauh lebih penting dan harus dipertimbangkan jauh sebelum harga. Yang mengatakan, harga dapat mempengaruhi aksi harga sebagai hasil dari psikologi. Sebagai contoh: Bitcoin memiliki resistensi yang kuat pada $ 50.000 dan sebagian besar resistensi ini mungkin berasal dari fakta bahwa $ 50.000 adalah angka bulat yang bagus yang banyak orang akan menempatkan pesanan beli dan pesanan jual. Melalui situasi seperti ini dan lainnya, psikologi adalah bagian yang layak dari aksi harga dan, karenanya, analisis.

Apakah Bitcoin memiliki nilai intrinsik?

Tidak, Bitcoin tidak memiliki nilai intrinsik. Tidak ada tentang Bitcoin yang menuntut bahwa ia memiliki nilai; sebaliknya, nilai dihasilkan oleh pengguna. Namun, dengan definisi seperti itu, semua mata uang dunia yang tidak didukung oleh standar emas atau perak juga tidak memiliki nilai intrinsik (selain penggunaan material, yang tidak signifikan). Jadi, dalam arti tertentu, semua uang hanya memiliki tingkat nilai apa pun karena kami setuju, dan argumen apa pun yang menentang atau untuk penggunaan Bitcoin karena kurangnya nilai intrinsik juga harus diterapkan pada mata uang fiat.

Apakah Bitcoin dikenakan pajak?

Seperti kata pepatah, kita tidak dapat menghindari pajak, dan ide seperti itu tentu berlaku untuk cryptocurrency meskipun sifat industri yang tampaknya anonim dan tidak diatur. Untuk informasi yang paling akurat, Anda harus mengunjungi situs web organisasi pengumpulan pajak Anda untuk mempelajari lebih lanjut tentang pajak mata uang digital di negara Anda. Yang mengatakan, informasi berikut menempatkan sorotan pada aturan yang ditetapkan AS:

Pada tahun 2014, IRS menyatakan bahwa mata uang virtual adalah properti, bukan mata uang.

• Jika cryptocurrency diterima sebagai pembayaran untuk barang atau jasa, nilai pasar wajar (dalam USD) harus dikenakan pajak sebagai pendapatan.

• Jika Anda memegang koin atau token selama lebih dari setahun, itu diklasifikasikan sebagai keuntungan jangka panjang, dan jika Anda membeli dan menjualnya dalam setahun, itu adalah keuntungan jangka pendek. Keuntungan jangka pendek dikenakan pajak yang lebih tinggi daripada keuntungan jangka panjang.

• Penghasilan dari penambangan mata uang virtual dianggap sebagai pendapatan wirausaha (dengan asumsi individu yang diberikan bukan karyawan) dan dikenakan pajak wirausaha sesuai dengan nilai setara wajar mata uang digital dalam USD. Hingga $ 3.000 kerugian dapat diakui.

• Ketika mata uang digital dijual, keuntungan atau kerugian dikenakan pajak capital gain (karena mata uang digital dianggap sebagai properti) seolah-olah saham dijual.

Apakah Bitcoin diperdagangkan 24/7?

Bitcoin beroperasi 24/7. Ini, sebagian besar, disebabkan oleh fakta bahwa itu dimaksudkan untuk digunakan di seluruh dunia, sebagai alat yang benar-benar antarbenua, dan mengingat zona waktu, apa pun kecuali operasi 24/7 tidak akan memenuhi kriteria itu. Juga tidak ada insentif untuk tidak melakukannya.

Apakah Bitcoin menggunakan bahan bakar fosil?

Ya, Bitcoin menggunakan bidang fosil. Faktanya, banyak pembangkit listrik berbahan bakar fosil telah menemukan kehidupan baru dalam menyediakan daya yang dibutuhkan untuk menambang cryptocurrency. Bitcoin menggunakan daya sebanyak negara kecil murni melalui persyaratan komputasi, setara dengan sekitar 0,55% dari produksi listrik global. Jelas, pengguna dan penambang Bitcoin tidak ingin menggunakan bahan bakar fosil dan transisi ke sumber energi terbarukan adalah tujuan utama, tetapi hal yang sama dapat dikatakan tentang mengendarai mobil bertenaga gas dan banyak kegiatan sehari-hari lainnya yang mengkonsumsi lebih banyak bahan bakar fosil daripada Bitcoin. Masalahnya benar-benar bermuara pada opini; mereka yang melihat Bitcoin sebagai kekuatan perintis di dunia yang membantu orang-orang dalam ekosistem keuangan yang tidak stabil dan memungkinkan keamanan dan privasi yang lebih besar dalam transaksi tidak akan khawatir dengan penggunaan energi global 0,55% (terutama mengingat janji transisi jangka panjang ke energi bersih), sementara mereka yang melihat Bitcoin sebagai tidak berharga atau scam cenderung merasakan sebaliknya. Perlu dicatat bahwa beberapa alternatif cryptocurrency jauh lebih sedikit karbon-intensif daripada Bitcoin (Cardano, ADA), karbon-netral (Bitgreen, BITG), atau karbon-negatif (eGold, EGLD).

Akankah Bitcoin mencapai 100k?

Bitcoin kemungkinan akan mencapai $ 100.000 per koin. Ini tidak berarti bahwa itu akan segera terjadi, atau bahwa itu adalah hal yang pasti; hanya data tentang sifat deflasi Bitcoin, pengembalian historis, tren adopsi (jika Anda tertarik, teliti kurva "S" dalam teknologi), dan inflasi fiat membuat kenaikan harga menjadi $ 100.000 sebagai kemungkinan. Pertanyaan pentingnya bukanlah apakah akan mencapai $ 100.000, tetapi kapan akan mencapai $ 100.000. Sebagian besar perkiraan semacam itu, paling banter, adalah spekulasi terdidik.

Akankah Bitcoin mencapai 1 juta?

Tidak seperti $ 100.000, Bitcoin mencapai $ 1 juta membutuhkan skala yang serius. CEO eToro Iqbal Grandha mengatakan bahwa Bitcoin tidak akan memenuhi potensinya sampai bernilai $ 1 juta per koin, karena pada saat itu setiap Satoshi (yang merupakan divisi terkecil Bitcoin dapat dibagi menjadi) akan bernilai $ 1 sen.

Mengingat skala ekonomi dan potensi adopsi massal di seluruh dunia (dalam kasus seperti itu, Bitcoin akan bertindak sebagai mata uang cadangan universal), ada kemungkinan harganya bisa mencapai $ 1 juta. Namun, cryptocurrency lain bisa dengan mudah mengambil tempat ini, serta stablecoin yang didukung pemerintah atau mata uang digital. Dalam kombinasi, perlu dicatat bahwa mata uang fiat bersifat inflasi, dan Bitcoin bersifat deflasi. Dinamika harga ini membuat $ 1 juta jauh lebih mungkin dalam jangka panjang. Pada akhirnya, bagaimanapun, siapa pun menebak apa yang harus terjadi, dan penilaian $ 1 juta per koin tetap spekulatif.

Akankah Bitcoin terus naik secepat ini?

Tidak. Secara harfiah tidak mungkin. Bitcoin telah mengembalikan investor hampir 200%[26] per tahun selama 10 tahun terakhir, yang menghasilkan pengembalian 5,2 juta persen selama dekade ini. Mengingat kapitalisasi pasar Bitcoin pada saat penulisan ini, peningkatan majemuk berkelanjutan sebesar 200% akan membanjiri seluruh pasokan moneter dunia dalam 4 hingga 5 tahun. Jadi, meskipun sangat mungkin bahwa Bitcoin akan terus naik, tingkat pertumbuhan saat ini sangat tidak berkelanjutan. Dalam jangka panjang, pertumbuhan harus merata dan volatilitas cenderung menurun.

---

[26] 196,7%, seperti yang dihitung oleh CaseBitcoin

Apa itu fork Bitcoin?

Fork adalah terjadinya blockchain baru yang dibuat dari blockchain lain. Bitcoin telah memiliki 105 fork, yang terbesar adalah Bitcoin Cash saat ini. Fork terjadi ketika suatu algoritma dibagi menjadi dua versi yang berbeda. Ada dua jenis garpu. Hard fork adalah fork yang terjadi ketika semua node dalam jaringan ditingkatkan ke versi blockchain yang lebih baru dan meninggalkan versi lama; Dua jalur kemudian dibuat: versi baru dan versi lama. Soft fork kontras dengan ini dengan membuat jaringan lama tidak valid; Ini menghasilkan hanya satu blockchain.

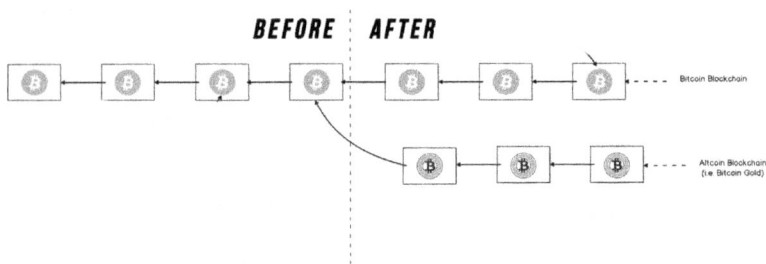

27 Berdasarkan gambar oleh Egidio.casati, CC BY-SA 4.0
<https://creativecommons.org/licenses/by-sa/4.0>

Mengapa Bitcoin berfluktuasi?

Seperti halnya pasar saham, harga naik dan turun sesuai permintaan dan penawaran. Permintaan dan penawaran, pada gilirannya, dipengaruhi oleh biaya produksi bitcoin di blockchain, berita, pesaing, tata kelola internal, dan paus (pemegang besar). Untuk informasi tentang mengapa Bitcoin sangat fluktuatif, silakan merujuk ke banyak pertanyaan lain tentang masalah ini.

Bagaimana cara kerja dompet Bitcoin?

Dompet kripto adalah antarmuka yang digunakan untuk mengelola kepemilikan kripto. Dompet Coinbase dan Exodus adalah dompet umum. Akun, pada gilirannya, adalah sepasang kunci publik dan pribadi dari mana Anda dapat mengontrol dana Anda, yang disimpan di blockchain. Sederhananya, dompet adalah akun yang menyimpan kepemilikan Anda untuk Anda, seperti bank.

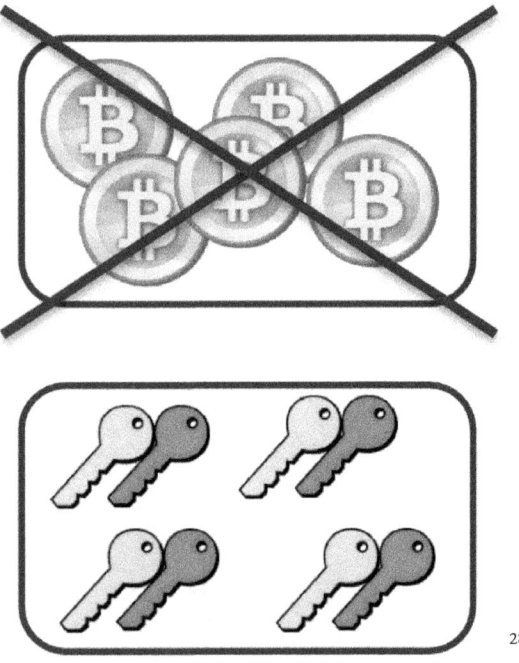

*Dompet tidak mengandung koin. Dompet berisi pasangan kunci pribadi dan publik, yang menyediakan akses ke kepemilikan.

---

[28] Matthäus Mengembara / CC BY-SA 3.0)

Apakah Bitcoin berfungsi di semua negara?

Bitcoin adalah jaringan komputer yang terdesentralisasi; Semua alamat tidak dapat diblokir dan karenanya dapat diakses di mana saja dengan koneksi web. Di negara-negara di mana Bitcoin ilegal (yang terbesar adalah Cina dan Rusia), yang bisa dilakukan pemerintah hanyalah menindak infrastruktur (khususnya peternakan pertambangan) dan penggunaan Bitcoin. Di tempat-tempat seperti Rusia, Bitcoin sebenarnya tidak diatur, melainkan penggunaan Bitcoin sebagai pembayaran untuk barang dan jasa adalah ilegal. Sebagian besar negara lain mengikuti model ini, karena, sekali lagi, memblokir Bitcoin itu sendiri tidak mungkin. Bahkan, Hester Peirce dari SEC telah menyatakan bahwa "pemerintah akan bodoh untuk melarang Bitcoin." Mengingat hal ini, kesimpulan dapat dibuat bahwa Bitcoin berfungsi di semua negara, meskipun dalam beberapa negara terpilih adalah ilegal untuk memiliki atau menggunakan koin.

Berapa banyak orang yang memiliki Bitcoin?

Perkiraan terbaik[29] saat ini menempatkan jumlahnya sekitar 100 juta pemegang global, yang menyumbang sekitar 1 dari setiap 55 orang dewasa. Yang mengatakan, jumlah sebenarnya tidak dapat diketahui, mengingat sifat anonim dari jaringan crypto. Dapat dikatakan bahwa pertumbuhan pengguna berada dalam dua digit tinggi, Bitcoin memiliki beberapa ratus ribu transaksi per hari, 2+ miliar orang telah mendengar tentang Bitcoin, dan sekitar setengah miliar alamat Bitcoin ada secara total.

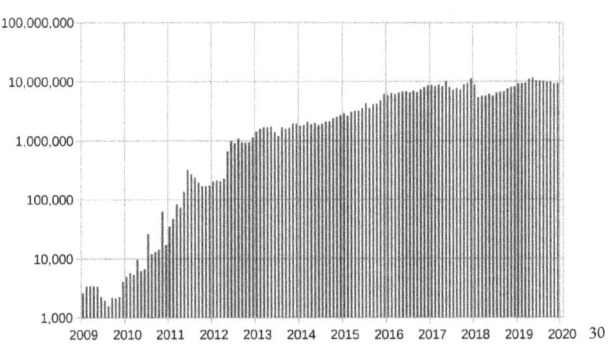

*Jumlah transaksi Bitcoin per bulan, per 2020.

---

[29] buybitcoinworldwide.com
[30] Ladislav Mecir / CC BY-SA 4.0

Siapa yang memiliki Bitcoin paling banyak?

Pendiri Bitcoin yang misterius, Satoshi Nakamoto, memiliki Bitcoin paling banyak. Dia memegang 1,1 juta BTC di beberapa dompet, memberinya kekayaan bersih puluhan miliar. Jika Bitcoin mencapai $ 180.000, Satoshi Nakamoto akan menjadi orang terkaya di Bumi. Mengikuti Satoshi Nakamoto, si kembar Winklevoss dan berbagai lembaga penegak hukum adalah pemegang terbesar (FBI menjadi salah satu pemegang Bitcoin terbesar setelah menyita aset Silk Road, pasar blak internet ditutup pada tahun 2013).

Bisakah Anda memperdagangkan Bitcoin dengan algoritma?

Untuk menjawab pertanyaan ini, saya akan menyertakan kutipan dari salah satu buku saya tentang Analisis Teknis Cryptocurrency. Ini mencakup semua basis dan menempati lebih dari beberapa halaman, jadi jika Anda mencari jawaban singkat, saya akan mengatakan bahwa Anda bisa, tetapi itu sulit.

Perdagangan algoritmik adalah seni mendapatkan komputer untuk menghasilkan uang untuk Anda. Atau, setidaknya, itulah tujuannya. Pedagang Algo, seperti kata gaul, berusaha mengidentifikasi seperangkat aturan yang, jika digunakan sebagai dasar untuk berdagang, menghasilkan keuntungan. Ketika aturan ini dipilih dan dipicu, kode akan mengeksekusi pesanan. Misalnya: katakanlah Anda suka berdagang dengan crossover rata-rata bergerak eksponensial (EMA). Setiap kali Anda melihat EMA 12 hari Bitcoin melewati EMA 50 hari, Anda menginvestasikan 0,01 bitcoin. Kemudian, Anda biasanya menjual ketika Anda mendapat untung 5% atau, jika tidak berhasil, Anda memotong kerugian Anda sebesar 5%. Akan sangat mudah untuk mengubah strategi perdagangan pilihan ini menjadi aturan perdagangan algoritmik. Anda akan membuat kode algoritma yang akan melacak semua data Bitcoin, menginvestasikan 0,01 bitcoin Anda selama crossover EMA pilihan Anda, dan kemudian menjual dengan keuntungan 5% atau kerugian 5%. Algoritma ini akan berjalan untuk Anda saat Anda tidur, saat Anda makan, secara harfiah 24/7 atau selama waktu yang Anda tetapkan. Karena hanya berdagang persis seperti yang Anda tetapkan; Anda sangat nyaman dengan risikonya. Bahkan jika algoritme bekerja hanya 51 dari setiap 100 perdagangan, Anda secara teknis menghasilkan keuntungan dan bisa terus selamanya tanpa melakukan pekerjaan apa pun. Atau, Anda dapat berkonsultasi lebih banyak data dan meningkatkan algoritme Anda untuk bekerja 55/100 kali, atau 70/100. Sepuluh tahun kemudian, Anda sekarang menjadi multi-triliuner yang menghasilkan uang setiap detik setiap hari sambil menyesap jus tropis di pantai yang cerah.

Sayangnya, itu tidak mudah, tapi itulah konsep perdagangan algoritmik. Aspek hipotetis yang sangat bagus dari perdagangan dengan mesin adalah bahwa plafon pendapatan praktis tidak terbatas (atau, paling tidak, sangat skalabel). Pertimbangkan bagan berikut. Ini adalah visualisasi dari algoritma yang diperdagangkan 200 kali per hari jika kondisi tertentu terpenuhi. Algoritma akan keluar dari posisi baik pada keuntungan 5% atau kerugian 5%, seperti pada contoh di atas. Mari kita asumsikan bahwa Anda memberikan algoritma $ 10.000 untuk bekerja dengan dan 100% dari portofolio dimasukkan ke dalam setiap perdagangan. Merah menandakan perdagangan yang tidak menguntungkan (kerugian 5%) dan hijau menandakan perdagangan yang baik, keuntungan 5%.

[Grafik berisi kotak-kotak 5% berwarna merah dan hijau yang menggambarkan perdagangan untung-rugi]

Sesuai grafik, algoritma ini benar hanya 51% dari waktu. Pada mayoritas menit ini, investasi $ 10.000 akan menjadi $ 11.025 hanya dalam satu hari, $ 186.791,86 dalam 30 hari, dan, setelah satu tahun penuh perdagangan, hasilnya akan menjadi $ 29.389.237.672.608.055.000. Itu 29 triliun dolar, yang kira-kira 783 kali lebih banyak dari nilai total setiap dolar AS yang beredar. Jelas, itu tidak akan berhasil. Namun, sekarang mari kita asumsikan bahwa algoritma, dengan aturan yang sama, membuat perdagangan yang menguntungkan hanya 50,1% dari waktu, yang berarti 1 perdagangan ekstra menguntungkan dari setiap 1.000. Setelah 1 tahun, algoritma ini akan mengubah $ 10.000 menjadi $ 14.400. Setelah 10 tahun, hanya di bawah $400,000, dan setelah 50 tahun, $835,437,561,881.32. Itu 835 miliar dolar (lihat sendiri dengan kalkulator bunga majemuk Moneychimp)

Ini sepertinya cukup mudah. Cukup gunakan data historis untuk menguji algoritme sampai Anda menemukan satu yang setidaknya 50,1% menguntungkan, dapatkan $ 10k, dan anak-anak Anda akan menjadi triliuner. Sayangnya, ini tidak berhasil, dan berikut adalah beberapa tantangan yang dihadapi pedagang algoritmik:

Kesalahan

Tantangan yang paling jelas adalah menciptakan algoritma bebas kesalahan. Banyak layanan saat ini membuat prosesnya lebih mudah dan tidak memerlukan banyak pengalaman pengkodean, tetapi beberapa masih memerlukan beberapa tingkat kemampuan pengkodean dan sisanya tingkat pengetahuan teknis. Seperti yang saya yakin dapat Anda bayangkan, kesalahan langkah apa pun dalam membuat algoritme dapat mengakibatkan game over.* Itulah mengapa Anda mungkin tidak boleh mengkodekannya sendiri, kecuali Anda benar-benar tahu cara membuat kode, dalam hal ini Anda mungkin masih harus berkonsultasi dengan teman!

Data yang Tidak Dapat Diprediksi

Sama seperti analisis teknis secara keseluruhan, harapan bahwa pola historis cenderung berulang adalah fondasi di mana perdagangan algoritmik bersandar. Peristiwa Black Swan * dan faktor-faktor yang tidak dapat diprediksi, seperti berita, krisis global, laporan triwulanan, dan sebagainya, semuanya dapat membuang algoritme dan membuat strategi sebelumnya tidak menguntungkan.

Kurangnya kemampuan beradaptasi

Tantangan data yang tidak dapat diprediksi ditambah dengan ketidakmampuan untuk beradaptasi dengan keadaan yang diberikan data kontekstual baru. Dengan cara ini, pembaruan manual mungkin diperlukan. Solusi untuk masalah ini jelas AI yang belajar, meningkatkan, dan menguji, tetapi ini jauh dari kenyataan dan, jika berhasil, mungkin tidak akan terlalu baik untuk pasar, karena beberapa pemain berpengaruh dapat dengan mudah memonetisasinya untuk mereka gunakan sendiri (mengingat bahwa itu akan menjadi mesin cetak uang literal) atau membaginya dengan semua orang, Dalam hal ini tantangan penghancuran diri (di bawah) berlaku.

Selip, volatilitas, dan flash crash.

Karena algoritma bermain dengan aturan yang ditetapkan, mereka dapat "diakali" melalui volatilitas dan dianggap tidak menguntungkan melalui selip. Misalnya, altcoin kecil dapat melonjak beberapa persen, baik naik atau turun, dalam hitungan detik. Algoritma mungkin melihat harga mencapai batas pesanan jual dan memicu likuidasi, meskipun harga hanya melompat kembali ke harga sebelumnya atau lebih tinggi.

Penghancuran diri

Dalam kejadian hipotetis AI cerdas yang memilah-milah semua data yang tersedia, mengidentifikasi algoritma perdagangan terbaik, mempraktikkannya, dan beradaptasi dengan keadaan, beberapa AI semacam itu akan memberantas strategi perdagangan mereka sendiri. Sebagai contoh: katakanlah 1 juta AI ini ada (sungguh, lebih banyak orang daripada ini akan menggunakannya jika tersedia untuk dibeli). Semua AI akan segera menemukan algoritme terbaik dan mulai memperdagangkannya. Jika ini terjadi, masuknya volume yang dihasilkan akan membuat strategi tidak berguna. Skenario yang sama memang terjadi hari ini, kecuali tanpa AI. Strategi perdagangan yang benar-benar baik kemungkinan akan ditemukan oleh banyak orang, kemudian digunakan dan dibagikan sampai mereka tidak lagi menguntungkan atau menguntungkan seperti dulu. Dengan cara ini, strategi dan algoritma yang sangat bagus menghambat kemajuan mereka sendiri.

Jadi, itulah tantangan yang mencegah perdagangan algoritmik menjadi mesin cetak uang yang sempurna, 4 jam kerja seminggu, memicu liburan tropis. Yang mengatakan, algoritma tentu masih bisa menguntungkan. Banyak perusahaan besar dan perusahaan mendasarkan bisnis mereka semata-mata dari algoritma perdagangan yang menguntungkan. Jadi, sementara bot perdagangan tidak boleh dianggap sebagai uang mudah, mereka harus dianggap sebagai disiplin yang dapat dikuasai jika cukup waktu dan usaha disediakan. Berikut adalah beberapa sorotan dari perdagangan algoritmik dan bagaimana Anda bisa memulai:

Backtesting

Karena algoritma mengambil input tertentu dan bereaksi sesuai, pedagang algo dapat melakukan backtest algoritma mereka terhadap data historis. Misalnya, pergi dengan contoh sebelumnya, jika Trader X ingin membuat algoritma yang diperdagangkan pada crossover EMA, Trader X dapat menguji algoritma dengan menjalankannya setiap tahun bahwa seluruh pasar telah ada. Pengembalian kemudian akan diplot, dan melalui split-testing Trader X dapat menghasilkan formula yang secara historis terbukti bekerja tanpa pernah benar-benar menaruh uang di atas meja. Dengan cara ini, Anda dapat menguji algoritme Anda sendiri dan bermain-main dengan variabel yang berbeda untuk melihat bagaimana pengaruhnya terhadap pengembalian keseluruhan. Untuk bereksperimen dengan membuat dan menggunakan algoritma perdagangan, lihat situs web ini:

Pengendalian Risiko

Backtesting adalah cara yang bagus untuk mengurangi risiko. Alternatif terbaik adalah melalui penggunaan stop loss dan trailing stop-loss yang disiplin dan diteliti. Kedua alat ini diuraikan di bagian manajemen risiko.

Kesederhanaan

Banyak orang memiliki konsep perdagangan algoritma yang memerlukan kode yang kompleks, berlapis-lapis, yang melibatkan banyak, jika tidak selusin atau lebih, indikator, pola, atau osilator. Meskipun hal-hal yang tidak diketahui tidak dapat dipertanggungjawabkan, algoritma yang paling sukses yang digunakan oleh para profesional dan non-profesional sama-sama secara mengejutkan tidak rumit. Sebagian besar melibatkan satu indikator, atau mungkin kombinasi keduanya. Saya sarankan Anda mengikuti rute yang ditetapkan ini jika Anda masuk ke perdagangan algoritmik, tetapi, yang mengatakan, jika Anda menemukan algoritma yang sangat kompleks dan unggul, saya akan menjadi yang pertama mendaftar!

*Sumber: Buku, Analisis Teknis Kripto

Bagaimana Bitcoin akan mempengaruhi masa depan?

Bitcoin adalah kasus penggunaan blockchain skala besar pertama yang berhasil; pertanyaan tentang bagaimana blockchain akan mempengaruhi masa depan adalah pertanyaan yang jauh lebih besar daripada dampak potensial Bitcoin semata, yang sebagian besar sebelumnya telah dibahas. Berikut adalah bidang di mana blockchain (dan dengan ekstensi, Bitcoin) akan memiliki atau memiliki efek besar:

- Manajemen rantai pasokan.
- Manajemen logistik.
- Manajemen data yang aman.
- Pembayaran lintas batas dan sarana transaksi.
- Pelacakan royalti artis.
- Penyimpanan dan berbagi data medis yang aman.
- Pasar NFT.
- Mekanisme dan keamanan pemungutan suara.
- Kepemilikan real estat yang dapat diverifikasi.
- Pasar Real Estat.
- Rekonsiliasi faktur dan penyelesaian sengketa.

- Tiket.
- Jaminan keuangan.
- Upaya pemulihan bencana.
- Menghubungkan pemasok dan distributor.
- Penelusuran asal.
- Pemungutan suara proxy.
- Mata uang kripto.
- Bukti asuransi / Polis asuransi.
- Catatan data Kesehatan / Pribadi.
- Akses modal.
- Keuangan Terdesentralisasi
- Identifikasi Digital
- Efisiensi Proses / Logistik
- Verifikasi data
- Pemrosesan klaim (asuransi).
- Perlindungan IP.
- Digitalisasi aset dan instrumen keuangan.
- Pengurangan korupsi keuangan pemerintah.
- Game online.
- Pinjaman sindikasi.
- Dan banyak lagi!

Apakah Bitcoin adalah masa depan uang?

Pertanyaan apakah Bitcoin itu sendiri adalah "masa depan uang" adalah spekulasi; pertanyaan sebenarnya adalah apakah teknologi di balik Bitcoin dan sistem yang didorong Bitcoin adalah masa depan uang. Jika demikian, berinvestasi dalam cryptocurrency secara keseluruhan, serta Bitcoin (meskipun potensi pertumbuhan% dalam Bitcoin terbatas relatif terhadap koin yang lebih kecil mengingat volume uang yang sudah ada di dalamnya) adalah taruhan yang sangat bagus.

Teknologi utama yang mendorong Bitcoin adalah blockchain, dan keseluruhan sistem yang didorong Bitcoin adalah desentralisasi. Kedua bidang meledak di banyak kasus penggunaan yang berkembang dan masing-masing memiliki potensi untuk mempengaruhi setiap aspek kehidupan, mulai dari pembayaran hingga pekerjaan hingga pemungutan suara. Mengutip Capgemini Engineering, "itu [blockchain] meningkatkan keselamatan dan keamanan secara signifikan di sektor keuangan, perawatan kesehatan, rantai pasokan, perangkat lunak, dan pemerintah." Perusahaan yang menggunakan teknologi blockchain termasuk amazon (melalui

AWS), BMW (dalam logistik), Citigroup (di bidang keuangan), Facebook (melalui pembuatan cryptocurrency sendiri), General Electric (rantai pasokan), Google (dengan BigQuery), IBM, JPmorgan, Microsoft, Mastercard, Nasdaq, Nestlé, Samsung, Square, Tenent, T-Mobile, Perserikatan Bangsa-Bangsa, Vanguard, Walmart, dan banyak lagi.[31] Pelanggan dan produk yang diperluas yang didukung oleh atau berpusat di sekitar blockchain menandakan kelanjutan blockchain menjadi aspek inti dari layanan internet dan offline. Dengan semua ini dalam pikiran, Bitcoin tidak terbatas pada memiliki dampak dalam cryptocurrency, melainkan, itu dapat dan kemungkinan akan mengantarkan era blockchain. Dalam hal Bitcoin menjadi masa depan uang dan pembayaran, pertanyaan penting adalah bagaimana pemerintah menanggapi ancaman Bitcoin dan cryptocurrency. Beberapa, seperti China, dapat mengembangkan mata uang digital mereka sendiri. Beberapa, seperti El Salvador, dapat membuat Bitcoin menjadi alat pembayaran yang sah. Orang lain mungkin mengabaikan cryptocurrency, atau melarangnya. Dengan cara apa pun pemerintah bereaksi, fakta bahwa mereka akan dipaksa untuk bereaksi berarti bahwa Bitcoin adalah andalan yang, dengan satu atau lain cara, akan sepenuhnya mengubah lanskap keuangan dunia melalui keberhasilan penerapan aset digital dan blockchain-driven.

---

[31] Berdasarkan penelitian Forbes.

Berapa banyak orang miliarder Bitcoin?

Sulit untuk mengetahui berapa banyak miliarder yang ada di ruang crypto atau bahkan hanya di dalam jaringan crypto karena kepemilikan sering dibagi menjadi beberapa akun. Namun, tidak termasuk pertukaran, ada dua puluh alamat Bitcoin yang memegang setara dengan $ 1 miliar atau lebih, dan delapan puluh alamat Bitcoin memegang setara dengan $ 500 juta atau lebih.[32] Jumlah ini dapat dengan mudah berfluktuasi, karena banyak dompet senilai $ 500 juta hingga $ 1 miliar dapat naik melewati $ 1 miliar sejalan dengan fluktuasi Bitcoin, dan seperti yang disebutkan, pemegang yang menjual Bitcoin atau membagi jumlah kepemilikan mereka beberapa dompet tidak termasuk. Yang mengatakan, aman untuk mengatakan bahwa setidaknya dua lusin akun, dan setidaknya 1 lusin orang, telah menghasilkan lebih dari $ 1 miliar dolar dengan berinvestasi di Bitcoin. Lusinan lainnya telah menghasilkan ratusan juta atau miliaran dengan berinvestasi dalam cryptocurrency lainnya.

---

[32] "100 Alamat Bitcoin Terkaya dan ...." https://bitinfocharts.com/top-100-richest-bitcoin-addresses.html.

Apakah ada miliarder Bitcoin rahasia?

Satoshi Nakamoto adalah contoh utama dari miliarder Bitcoin rahasia dan anonim. Dalam pertanyaan di atas (berapa banyak orang miliarder Bitcoin?), Kami sampai pada kesimpulan bahwa setidaknya 1 lusin orang telah menghasilkan satu miliar dolar dengan berinvestasi di Bitcoin. Mengingat jumlah ini, dan fakta bahwa jumlah miliarder Bitcoin populer dapat dihitung di satu sisi (orang perorangan, tidak termasuk perusahaan), mungkin beberapa pemegang Bitcoin di seluruh dunia adalah miliarder Bitcoin yang tetap berada di luar pusat perhatian. Dengan pemikiran itu, Anda mungkin, pada titik tertentu, telah menjalani hari Anda dan berpapasan dengan miliarder Bitcoin rahasia.

Akankah Bitcoin mencapai adopsi mainstream?

Ini pertanyaan yang menarik. Saat ini, sekitar 1% dari dunia menggunakan Bitcoin, meskipun ini menyimpang sampai 20% di tempat-tempat seperti Amerika, dan turun menjadi 0% di bagian lain dunia. Agar cryptocurrency mencapai adopsi mainstream dan massal, ia harus melayani semacam utilitas. Secara umum, cryptocurrency memiliki utilitas sebagai penyimpan nilai; metode bertransaksi, atau sebagai kerangka kerja untuk membangun jaringan dan organisasi yang terdesentralisasi. Bitcoin sejauh ini merupakan cryptocurrency terbesar dan paling berharga, tetapi sebenarnya bukan cryptocurrency terbaik di salah satu kategori tersebut. Jadi, sementara Bitcoin adalah Bitcoin (seperti bagaimana Anda bisa membeli jam tangan yang lebih murah daripada Rolex yang lebih pas dan terlihat lebih bagus, tetapi Anda masih menggunakan Rolex) dan merek Bitcoin telah dan akan membawanya jauh, itu tidak mungkin menjadi pemimpin permanen di antara cryptocurrency di dunia. Yang mengatakan, mengingat ekuitas dan skala mereknya, itu pasti dapat mencapai adopsi massal dan arus utama, mengingat tren penggunaan saat ini dan kasus penggunaan di ruang cryptocurrency.

Apakah Bitcoin akan diambil alih oleh cryptocurrency lainnya?

Saya akan merujuk pada pertanyaan di atas dalam menjawab ini. Bitcoin, meskipun besar dalam skala dan merek, sebenarnya bukan yang terbaik dalam hal apa pun di ruang crypto. Ini bukan penyimpan nilai terbaik, bukan yang terbaik untuk mengirim dan menerima uang, dan itu bukan yang terbaik sebagai kerangka kerja dan jaringan bagi pengguna crypto untuk beroperasi dan membangun. Jadi, dalam jangka pendek, mengingat merek murni Bitcoin dan kapitalisasi pasarnya yang mengerikan senilai $ 1 triliun, tidak mungkin untuk diambil alih. Namun, dalam beberapa dekade atau abad, kemungkinan besar akan dilewati oleh cryptocurrency lain karena nilai yang mendorongnya hancur.

Bisakah Bitcoin berubah dari PoW?

Ya, Bitcoin tentu bisa berubah dari sistem PoW (proof-of-work). Ethereum memulai PoW dan diperkirakan akan beralih ke PoS (proof-of-stake) pada akhir 2021. Switch akan membuat Ethereum jauh lebih hemat energi dan lebih terukur. Transisi seperti ini tentu saja mungkin bagi Bitcoin dan banyak yang menganggap perpindahan dari PoW tak terhindarkan.

Apakah Bitcoin adalah cryptocurrency pertama?

Buku putih Bitcoin Satoshi Nakamoto yang terkenal dirilis pada tahun 2008, dan Bitcoin sendiri dirilis pada tahun 2009. Peristiwa ini dikenal sebagai yang pertama dari jenisnya masing-masing; Ini hanya sebagian benar.

Pada akhir 1980-an, sekelompok pengembang di Belanda berusaha menghubungkan uang ke kartu untuk mencegah pencurian uang tunai yang merajalela. Pengemudi truk menggunakan kartu-kartu ini alih-alih uang tunai; Ini mungkin contoh pertama dari uang elektronik.

Sekitar waktu yang sama dengan percobaan Belanda, kriptografer Amerika David Chaum mengkonseptualisasikan mata uang berbasis token yang dapat ditransfer dan pribadi. Dia mengembangkan "formula buta" untuk digunakan dalam enkripsi, dan mendirikan perusahaan DigiCash, yang bangkrut pada tahun 1988.

Pada 1990-an, beberapa perusahaan berusaha untuk berhasil di mana DigiCash tidak; yang paling populer adalah PayPal Elon Musk.

PayPal memperkenalkan pembayaran P2P yang mudah secara online dan menimbulkan penciptaan sebuah perusahaan bernama e-gold, yang menawarkan kredit online dengan imbalan medali berharga (e-gold kemudian ditutup oleh pemerintah). Selain itu, pada tahun 1991, peneliti Stuart Haber dan W. Scoot Stornetta menggambarkan teknologi blockchain. Beberapa tahun kemudian, pada tahun 1997, proyek Hashcash menggunakan algoritma proof of work untuk menghasilkan dan mendistribusikan koin baru, dan banyak fitur berakhir di protokol Bitcoin. Satu tahun kemudian, pengembang Wei Dai (setelah siapa denominasi terkecil Eter, Wei, dinamai) memperkenalkan gagasan "sistem uang elektronik anonim terdistribusi" yang disebut B-money. B-money dimaksudkan untuk menyediakan jaringan terdesentralisasi di mana pengguna dapat mengirim dan menerima mata uang; Sayangnya, itu tidak pernah turun dari tanah. Tak lama setelah whitepaper B-money, Nick Szabo meluncurkan sebuah proyek bernama Bit Gold, yang beroperasi pada sistem PoW (proof-of-work) penuh. Sedikit emas, pada kenyataannya, relatif mirip dengan Bitcoin. Semua proyek ini dan lusinan lainnya akhirnya mengarah ke Bitcoin; untuk alasan ini, tidak dapat dikatakan bahwa Bitcoin adalah yang pertama dalam banyak konsep dan teknologi yang mendukungnya. Yang mengatakan, Bitcoin benar-benar dan tidak diragukan lagi merupakan kesuksesan skala besar pertama dari semua teknologi yang mendukungnya; setiap perusahaan dan proyek sebelum Bitcoin gagal, tetapi Bitcoin naik melampaui yang lain dan menghasut pergeseran global besar-besaran menuju teknologi dan konsep yang dibangunnya.

Akankah dan bisakah Bitcoin menjadi lebih dari sekadar Alternatif untuk Emas?

Bitcoin sudah "lebih" dari alternatif untuk emas; Ini memberdayakan dan memungkinkan jaringan transaksional global dengan gesekan yang jauh lebih sedikit daripada emas. Namun, Bitcoin jauh lebih komparatif terhadap emas dalam kenyataan bahwa keduanya dianggap sebagai penyimpan nilai dan alat transaksi. Sehubungan dengan ini, Bitcoin mungkin tidak akan pernah lebih dari alternatif untuk emas, karena alternatif dalam cryptocurrency menjadi teknologi dan platform seperti Ethereum, yang memungkinkan pengguna untuk memanfaatkan bahasa pemrogramannya, yang disebut soliditas, untuk membuat dApps. Bitcoin tidak dimaksudkan untuk melakukan hal seperti itu, dan meskipun tentu saja memiliki lebih banyak utilitas daripada emas, Bitcoin agak dilemparkan ke dalam peran sebagai "emas digital."

Apa itu Latensi Bitcoin, dan apakah itu Penting?

Latensi adalah penundaan antara waktu transaksi yang diajukan dan waktu di mana jaringan mengenali transaksi; Pada dasarnya, latensi adalah lag. Latensi Bitcoin sangat tinggi dengan desain (relatif terhadap 5-10 detik siaran TV) untuk menghasilkan satu blok baru setiap sepuluh menit. Menurunkan latensi pada dasarnya akan membutuhkan lebih sedikit pekerjaan untuk memverifikasi blok, yang bertentangan dengan etos PoW. Untuk alasan ini, latensi Bitcoin tidak boleh diturunkan. Yang mengatakan, latensi perdagangan adalah masalah bagi pertukaran dan pedagang di bursa (terutama pedagang arbitrase); karena HFT (perdagangan frekuensi tinggi) dan perdagangan algoritmik bergerak ke pasar cryptocurrency, latensi akan semakin penting.

[33]

---

[33] Sumber: blockchain.com

Apa saja teori konspirasi Bitcoin?

Bitcoin (dan terutama Satoshi Nakamoto) adalah lingkungan yang matang untuk teori konspirasi; Hanya untuk bersenang-senang, kita akan melihat beberapa. Pertimbangkan hal-hal berikut yang sepenuhnya fiktif, seperti kebanyakan teori konspirasi, dan tidak ada yang kredibel:

1. *Bitcoin bisa saja dibuat oleh NSA atau badan intelijen AS lainnya.* Ini mungkin konspirasi Bitcoin yang paling umum; itu menegaskan bahwa Bitcoin diciptakan oleh pemerintah AS, dan itu tidak bersifat pribadi seperti yang kita pikirkan. Sebaliknya, NSA tampaknya memiliki akses backdoor ke algoritma SHA-256 dan menggunakan akses tersebut untuk memata-matai pengguna.

2. *Bitcoin bisa menjadi AI.* Teori ini menyatakan bahwa Bitcoin adalah AI yang menggunakan motif ekonominya untuk memberi insentif kepada pengguna untuk mengembangkan jaringannya. Beberapa percaya bahwa lembaga pemerintah menciptakan AI.

3. *Bitcoin bisa saja diciptakan oleh empat perusahaan besar Asia.* Teori ini sepenuhnya didasarkan pada fakta bahwa "sa" di Samsung, "toshi" dari Toshiba, "naka" dari Nakamichi, dan "moto" dari Motorola, dalam kombinasi, membentuk

nama pendiri misterius Bitcoin, Satoshi Nakamoto. Bukti yang cukup kuat untuk yang satu ini.

Mengapa sebagian besar koin lain sering mengikuti Bitcoin?

Bitcoin pada dasarnya adalah mata uang cadangan untuk cryptocurrency, atau mirip dengan Dow dan S&P untuk pasar saham. Sekitar 50% nilai di pasar cryptocurrency hanya terletak pada Bitcoin, dan Bitcoin adalah cryptocurrency yang paling banyak digunakan dan paling terkenal di dunia. Untuk alasan ini, pasangan perdagangan Bitcoin adalah pasangan yang paling banyak digunakan untuk membeli Altcoin, yang mengikat nilai semua cryptocurrency lainnya ke Bitcoin. Bitcoin turun menghasilkan lebih sedikit uang yang dimasukkan ke dalam Altcoin, sementara Bitcoin naik menghasilkan lebih banyak uang yang dimasukkan ke dalam Altcoin. Untuk alasan ini, sebagian besar (tidak semua) koin sering (tidak selalu) mengikuti tren bullish / bearish umum Bitcoin.

Apa itu Bitcoin Cash?

Seperti disebutkan sebelumnya, Bitcoin memiliki masalah skala: jaringan tidak cukup cepat untuk menangani sejumlah besar transaksi yang ada dalam situasi adopsi global. Mengingat hal ini, sekelompok penambang dan pengembang Bitcoin memulai hard fork Bitcoin pada tahun 2017. Mata uang baru, yang disebut Bitcoin Cash (BCH), menaikkan ukuran blok (menjadi 32MB pada tahun 2018), sehingga memungkinkan jaringan untuk memproses lebih banyak transaksi daripada Bitcoin, dan lebih cepat. Meskipun BCH tidak diatur untuk menggantikan atau mendekati penggantian Bitcoin, ini adalah alternatif yang memecahkan masalah besar, dan pertanyaan tentang bagaimana Bitcoin asli akan menyelesaikan masalah yang sama masih harus diselesaikan.

---

[34] Georgstmk / CC BY-SA 4.0

Bagaimana Bitcoin akan bertindak selama resesi?

Bitcoin memiliki peluang besar untuk berkinerja baik selama resesi, meskipun ini bukan jawaban yang konklusif; Bitcoin muncul dari krisis perumahan 2008 tetapi belum mengalami penurunan ekonomi yang berkelanjutan dan besar sejak saat itu (COVID tidak masuk hitungan). Dalam banyak hal, Bitcoin berfungsi sebagai padanan digital untuk emas, dan emas secara historis berkinerja baik selama resesi (terutama, dari 2007 hingga 2012), dan kelangkaan dan sifat desentralisasi Bitcoin dapat menjadikannya investasi safe-haven selama resesi, yang tidak akan tunduk pada kontrol pemerintah atas mata uang fiat dan sistem moneter inflasi dunia. Perlu juga dicatat bahwa Bitcoin secara historis meningkat selama krisis skala kecil: Brexit, Krisis Kongres 2013, dan COVID. Jadi, seperti yang ditegaskan sebelumnya, Bitcoin mungkin akan berkinerja baik selama resesi (kecuali resesi menjadi sangat buruk sehingga orang tidak punya uang untuk diinvestasikan, dalam hal ini Bitcoin, serta semua aset, memiliki sedikit peluang untuk mengalami apa pun kecuali merah). Either way, dalam kasus resesi, sebagian besar cryptocurrency selain Bitcoin (terutama altcoin yang lebih kecil) pasti akan mengalami kerugian besar; Sebagian besar praktis akan dihapus dari peta.

Skenario seperti itu akan menjadi peristiwa filter besar-besaran untuk altcoin, yang sangat sehat untuk pasar secara keseluruhan.

Bisakah Bitcoin bertahan dalam jangka panjang?

Yang harus dipertimbangkan adalah sejauh mana Bitcoin akan bertahan dalam jangka panjang; dan sejauh mana adopsi dan penggunaan akan tumbuh. Terlepas dari itu, Bitcoin akan ada dalam skala tertentu selama beberapa dekade mendatang; kemungkinan itu bertahan dalam skala besar selama beberapa abad ke depan tidak mungkin mengingat persaingan yang lebih baru dan alternatif Bitcoin. Namun, itu pasti bisa tetap menjadi cryptocurrency teratas selama cryptocurrency ada (terutama jika peningkatan, seperti jaringan pencahayaan, diimplementasikan); Probabilitas sebelumnya didasarkan murni pada fakta bahwa yang pertama dari jenisnya biasanya bukan yang terbaik dari jenisnya, dan sebagian besar mata uang sepanjang sejarah tidak bertahan (dalam skala) untuk sebagian besar waktu.

Apa tujuan akhir dari Bitcoin dan cryptos?

Visi akhir cryptocurrency mencapai hal-hal berikut:

1. Khusus untuk Bitcoin, untuk memungkinkan pengguna mengirim uang melalui internet dengan cara yang aman tanpa bergantung pada institusi pusat, alih-alih mengandalkan bukti kriptografi.
2. Hilangkan kebutuhan perantara dan kurangi gesekan dalam rantai pasokan, bank, real estat, hukum, dan bidang lainnya.
3. Menghilangkan bahaya yang dihadapi oleh inflasi, liar-barat (dalam hal kontrol pemerintah karena mata uang fiat diambil dari standar emas) lingkungan mata uang fiat.
4. Aktifkan kontrol yang sepenuhnya aman atas aset pribadi tanpa bergantung pada institusi pihak ketiga.
5. Aktifkan solusi blockchain di bidang medis, logistik, pemungutan suara, dan keuangan, selain di mana pun solusi tersebut mungkin berlaku.

Apakah Bitcoin terlalu mahal untuk digunakan sebagai cryptocurrency?

Harga absolut sebagian besar tidak relevan untuk cryptocurrency (dan juga untuk saham, seperti yang telah saya tulis di buku lain). Meskipun jawaban ini telah dibahas di tempat lain dalam aturan perdagangan, saya akan merangkum bagian yang relevan di bawah ini:

Mengingat bahwa penawaran dan harga awal keduanya dapat ditetapkan / diubah, harga itu sendiri sebagian besar tidak relevan tanpa konteks. Hanya karena Binance Coin (BNB) berada di $500 dan Ripple (XRP) berada di $1,80 tidak berarti bahwa XRP bernilai 277x nilai BNB; Kedua koin saat ini berada dalam 10% dari kapitalisasi pasar masing-masing. Ketika cryptocurrency pertama kali dibuat, pasokan ditetapkan oleh tim di belakang aset. Tim dapat memilih untuk membuat 1 triliun koin, atau 10 juta. Melihat kembali XRP dan BNB, kita dapat melihat bahwa Ripple memiliki sekitar 45 miliar koin yang beredar, dan Binance Coin memiliki 150 juta. Dengan cara ini, harga tidak terlalu penting. Koin seharga $ 0,0003 dapat bernilai lebih dari koin seharga $ 10.000 dalam hal kapitalisasi pasar, pasokan yang beredar, volume, pengguna, utilitas, dll. Harga bahkan lebih penting karena munculnya saham fraksional, yang memungkinkan investor menginvestasikan sejumlah uang dalam koin atau token terlepas dari harganya. Satu-satunya dampak utama dari harga terletak pada dampak psikologis, yang harus diperiksa saat memperdagangkan Bitcoin dan altcoin.

Seberapa populerkah Bitcoin?

Setidaknya 1,3% dari dunia saat ini memiliki Bitcoin, yang, dengan memperhitungkan setengah miliar alamat Bitcoin yang ada, membuatnya cukup populer. Jumlah ini termasuk 46 juta orang Amerika, yang merupakan 14% dari populasi dan 21% orang dewasa,[35] sementara studi lain menemukan bahwa 5% orang Eropa memegang Bitcoin.[36] Namun, yang lebih menonjol adalah tingkat kenaikan

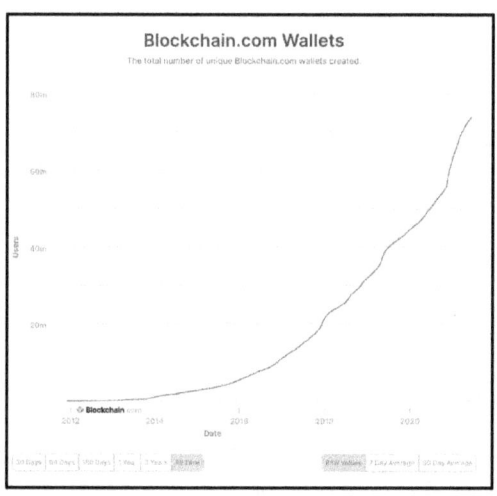

eksponensial. Kurang dari satu juta dompet Bitcoin ada pada tahun 2014, mewakili peningkatan 75x sejak saat itu, dan tingkat

---

[35] "Statistik Demografi Amerika Serikat ...."
https://www.infoplease.com/us/census/demographic-statistics.
[36] "• Bagan: Berapa Banyak Konsumen yang Memiliki Mata Uang Kripto? | Statista." 20 Agustus 2018, https://www.statista.com/chart/15137/how-many-consumers-own-cryptocurrency/.

pertumbuhan 10x (1.000%) per tahun. [37]Tren seperti itu tidak menunjukkan tanda-tanda berhenti, dan pertumbuhan, jika ada, hanya meningkat. Jadi, diringkas, Bitcoin sangat populer dan kemungkinan akan mencapai titik kritis adopsi massal dalam beberapa dekade mendatang.

---

[37] "Blockchain.com." https://www.blockchain.com/. Diakses 9 Jun. 2021.

Buku

- Menguasai Bitcoin – Andreas M. Antonopoulos
- Internet Uang - Andreas M. Antonopoulos
- Standar Bitcoin – Saifedean Ammous
- Era Cryptocurrency – Paul Vigna
- Emas Digital – Nathaniel Popper
- Miliarder Bitcoin – Ben Mezrich
- Dasar-dasar Bitcoin dan Blockchain – Antony Lewis
- Revolusi Blockchain – Don Tapscott
- Cryptoassets - Chris Burniske dan Jack Tatar
- Era Cryptocurrency - Paul Vigna dan Michael J. Casey

Pertukaran

- Binance - binance.com (binance.us untuk penduduk AS)
- Coinbase – coinbase.com
- Kraken – kraken.com
- Kripto – crypto.com
- Gemini – gemini.com
- eToro – etoro.com

Podcast

- Apa yang Bitcoin Lakukan oleh Peter McCormack (Bitcoin)
- Untold Stories (cerita awal)
- Unchained oleh Laura Shin (wawancara)
- Baselayer oleh David Nage (diskusi)
- The Breakdown oleh Nathaniel Whittemore (pendek)
- Podcast Crypto Campfire (santai)
- Ivan on Tech (pembaruan)
- HASHR8 oleh Whit Gibbs (teknis)
- Opini Wajar Tanpa Pengecualian oleh Ryan Selkis (wawancara)

Layanan Berita

- CoinDesk – coindesk.com
- CoinTelegraph – cointelegraph.com
- TodayOnChain – todayonchain.com
- NewsBTC – newsbtc.com
- Majalah Bitcoin – bitcoinmagazine.com
- Batu Tulis Crypto – cryptoslate.com
- Bitcoin.com – news.bitcoin.com
- Blockonomi – blockonomi

Layanan Charting

- TradingView – tradingview.com
- CryptoView – cryptoview.com
- Altrady – Altrady.com
- Koinigi – Coinigry.com
- Coin Trader - Cointrader.pro
- CryptoWatch – Cryptowat.ch

Saluran YouTube

- Benjamin Cowen

    Hatps://vv.youtube.com/channel/ukrvak-ux-w0soig

- Pojok Kantor

    Hatps://vv.youtube.com/c/koinbureyu

- Forflies

    https://www.youtube.com/c/Forflies

- DataDash

    Hatps://vv.youtube.com/c/datadash

- Sheldon Evans

    Hatps://vv.youtube.com/c/sheldonevan

- Anthony Pompliano

    Hatps://vv.youtube.com/channel/usevspell8knynav-nakz4m2w

- Batu tujuan

    https://www.youtube.com/channel/UC7S9sRXUBrtF0nKTvLY3fwg/abou t

- Lark Davis

    Hatps://vv.youtube.com/channel/ucl2okaw8hdar_kbkidd2kal ia

- Altcoin Harian

    https://www.youtube.com/channel/UCbLhGKVY-bJPcawebgtNfbw

www.ingramcontent.com/pod-product-compliance
Lightning Source LLC
LaVergne TN
LVHW012021060526
838201LV00061B/4393